캐디로 5억 벌어
당신의 꿈을 이뤄라

캐디로 5억 벌어 당신의 꿈을 이뤄라

매 순간 도전하는 행복한 삶을 위한 N가지 이야기

초 판 1쇄 2024년 08월 20일

지은이 문수빈
펴낸이 류종렬

펴낸곳 미다스북스
본부장 임종익
편집장 이다경, 김가영
디자인 임인영, 윤가희
책임진행 김요섭, 이예나, 안채원

등록 2001년 3월 21일 제2001-000040호
주소 서울시 마포구 양화로 133 서교타워 711호
전화 02) 322-7802~3
팩스 02) 6007-1845
블로그 http://blog.naver.com/midasbooks
전자주소 midasbooks@hanmail.net
페이스북 https://www.facebook.com/midasbooks425
인스타그램 https://www.instagram.com/midasbooks

© 문수빈, 미다스북스 2024, *Printed in Korea*.

ISBN 979-11-6910-765-5 03190

값 **19,000원**

미다스북스는 다음세대에게 필요한 지혜와 교양을 생각합니다.

캐디로 5억 벌어
당신의 꿈을 이뤄라

매 순간 도전하는 행복한 삶을 위한 N가지 이야기

문수빈 지음

미다스북스

프롤로그

끝없이 도전하라

59년을 살면서 많은 일들이 있었다. 15년 동안 경남은행 비서실, 심사부, 검사부에서 근무했다. 지인들은 비서실은 꿈도 못 꿀 사람이라고 생각했다.

고등학교 국어 교사와 8년 동안 결혼생활을 할 것이라고 생각도 하지 못했다. 8년 동안 부부싸움 한번 한 적이 없다고 하면 믿을까? 경남은행 15년을 다니면서 7억 원을 벌고 퇴직금 1억 원을 받아 단돈 만 원도 쓰지 못하고 은행 주식에 투자했다고 하면 믿을까? 1초의 망설임도 없이 은행을 위해 남편에게도 가족들에게도 의논 한마디 없이 사표를 쓸 수 있을까? 양육비도 받지 않고 이혼 도장을 찍을 수 있을까? 캐디 16년 동안 8년 동안은 1년에 단 5일만 휴가를 내고 매일 두 번 일하는 투 타임을 할 수 있을까? 교통사고로 차를 폐차할 만큼 큰 사고를 당하고도 살아 있는 사람이 있을까? 살면서 대통령 꿈 5번을 꾼 사람이 있을까?

나는 그러했다. 나는 모든 것을 정리하고 미국으로 떠나려고 했었다. 하지만 아직 실행하지 못하고 있다.

나는 내 마음대로 내 마음이 시키는 대로 살아가는 사람이다. 왜냐하면 인생은 단 한 번뿐이니까. 내 인생이 이렇게 고달픈 것은 전생에 죄를 많이 지은 것이라고 미래를 보는 사람들은 말한다. 나도 미래를 조금 볼 수 있는 사람이라 6개월 뒤에 큰돈이 들어오는 것을 직감할 수 있다. 5번의 대통령 꿈을 꾸면서 5천만 원이라는 돈이 들어왔다. 어떨 때는 돈이 들어와도 그 돈을 1초도 지키지 못하고 그 두 배의 돈을 날리기도 했다. 그러고 보면 나는 돈 그릇이 작은 사람이다. 돈에 별 욕심이 없는 사람이다. 100억 원 부자가 되기를 원하면서도 100억 원에 별 관심이 없는 이중성을 가진 사람이다.

돈에 가치를 두지 않기 때문이다. 나는 내 행복에 가치를 둔다. 내가 가장 가슴 아픈 것은 내 딸 유나에게 엄마로서 도리를 다하지 못한 부족한 엄마였다. 딸을 키우고 대학 공부를 시키고 미국 유학을 보냈다고 해서 엄마의 도리를 다한 것은 아니다. 삶에 찌들어 유나와 많은 시간을 함께하지 못했다. 이제는 유나가 결혼을 했고 아이를 낳으면 부족했던 엄마를 조금은 이해해 주리라 믿는다.

나는 39년간의 직장생활을 통해 15억 원을 벌었지만 디스크와 협착증의 고통의 굴레에서 벗어나지 못했고 열 손가락이 퇴행성관절염의 통증에서 벗어나지 못했다. 하지만 지금까지 살면서 깨달은 진리는 '세상에 공짜 돈이 없다.'는 것이다. 내가 많은 실패를 통해 알게 된 비싼 진실이다. 이것만이 세상의 젊은이들에게 알려도 나의 메시지의 반은 알린 것이다. 내가 태어나 많은 고통에 시달린 이유이기도 하다.

나는 삶을 통해 배운 인생의 경험 보따리를 들고 연기자와 시니어 모델에 도전했다. 겨우 2개월이 지났지만 내 삶이 풍요로워졌다. 나의 과거를 버리고 새로운 삶에 도전장을 내밀었다. 이렇게 끝없이 도전하는 것이 남은 내 인생에 대한 예의라고 생각한다. 여생을 가장 값지게 사는 것이라고 생각한다. 내 삶이 5년 후 어떻게 변해 있을지 아무도 모른다.

부족한 저의 책 『캐디로 5억 벌어 당신의 꿈을 이뤄라』를 출간해 주신 미다스북스 임종익 총괄 본부장님과 이다경 편집장님, 김요섭 편집자님을 비롯해 책 출간에 도움을 주신 임직원분들께 무한한 감사의 인사를 올립니다. 미다스북스의 무궁한 발전을 염원합니다.

2024년 8월 시드니를 다녀와서 문수빈 드림

5억 번 16년 캐디가 알려주는
당신의 꿈을 이루는 성공 수업

1. 정확한 기한과 목표를 설정하라.

2. 목표를 종이에 적어 지갑에 넣고 다녀라

3. 각자의 소망이 현실로 이루어진 것을 감정으로 생생하게 느껴라

4. 신념으로 끝까지 돌진하라

5. 나 자신을 믿어라

6. 단 한 번도 의심하지 마라

7. 내 꿈을 수시로 외쳐라

8. 잠에서 깨어나거나 잠들 때 성공 확언을 무의식에 심어라

인생을 바꾸고 싶다면 연락하길 바란다.

모든 것을 알려줄 것이다.

문수빈 010-5019-3548

1장

만 원도 없던 나를 바꾼
단 하나의 생각

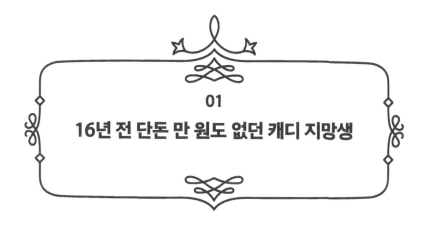

01

16년 전 단돈 만 원도 없던 캐디 지망생

단돈 만 원이 없어도 눈부신 인생을 창조할 수 있다

나는 16년 전 단돈 만 원도 없었다. 중국에 살고 있는 동생 은숙이에게 30만 원을 빌려 캐디교육을 하는 부산 영광도서 근처에 있는 사무실에 찾아갔다. 수업료 30만 원을 내고 4주 동안 캐디교육을 받았다. 그곳에서 소개해준 마산 합성동에 있는 사무실로 찾아가 내가 일할 수 있는 골프장을 소개받았다.

다음날 이력서를 들고 창녕 부곡에 있는 사무실로 찾아가 홍 차장님과 서영란 마스터님에게 면접을 보고 2개월 동안 캐디교육을 받았다. 나이가 많은 나를 반가워할 사람은 없었다. 큰언니는 33세, 두 딸이 초등학생일 때 캐디라는 세상에 입문했다. 그리고 40세에 진해 체력단련장을 퇴사했다. 진해 체력단련장에 근무했던 허진 동생이 부곡에서 캐디 일을 하고 있었다. 큰언니가 근무했던 곳에 일했던 사람이라 16년 동안 정이 많이 갔다.

골프장 캐디라는 직업은 돈을 많이 벌 수 있는 기회가 많은 곳이다. 배영환 사장님도 16년이라는 세월이 흘러 70세가 넘었다. 사장님은 버스회사에서 일을 잘해 골프장 사장으로 발탁되어 30년째 사장직을 역임했다. 70세 넘은 나이에도 칼같이 아침 9시 정시에 출근하고 정시에 퇴근했다.

70세의 나이에도 쟁쟁하시고 대기업 컨트리 대표로 회사를 운영한다는 것은 대단한 일이다. 작년에 내 나이가 58세가 되어 회사방침에 따라 퇴사를 하라고 말했지만 이렇게 부탁해 3개월을 더 근무했다.

"3개월만 더 일하게 해 주세요! 겨울이 지나면 일할 수 있는 골프장이 있으니 그때까지만 일하게 해 주십시오!"라고 부탁했다.

3개월이 지나 염치없이 3개월만 더 일할 수 있게 또 부탁해서 일을 하고 있는 중이다.

며칠 전 밀양에 있는 1년도 되지 않은 신설 골프장에 천사 조정희와 면접을 보러 갔다. 정희가 정보를 주어 이력서를 내고 면접 날짜를 같은 날 받아 같이 갔다. 넓고 황량한 도로 옆에 골프장이 덩그러니 있었다. 내가 근무하고 있는 곳은 30년이 되어 소나무들도 많고 커서 경치가 아름다운 골프장인데 밀양의 골프장은 나무들도 적고 앙상했다. 면접을 보는 20명의 사람은 하나같이 입을 모아 "넓고 위험해 보인다."라고 말했다. 하지만 나는 나이가 많다 보니 '일만 할 수 있고 돈만 벌 수 있다면 환경은 중요하지 않다.'라고 생각했다. 그 말은 배부른 사람만 할 수 있는 말이다.

사장님, 경기과장, 마스터 면접관들은 마음이 푸근했다. 인상도 좋고 세파에 찌든 얼굴이 아니었다. 프론트 직원들도 인상이 좋았다. 신설 골프장이라 깨끗하고 호텔 로비 같았다.

사장님의 인상이 특히 좋았다. 눈썹 미간에 점이 있어 더 인상적이었다. 다행히 조정희와 나 그리고 면접에서 처음 만난 양산에 사는 여동생, 남자 직원 한 명과 함께 면접을 봤다.

사장님이 내게 질문을 했다.

"이곳에 왜 지원하게 된 겁니까?"라고 물었다.

'나이가 많아 일할 곳을 찾고 있습니다.'라고 속으로 생각했다. 이곳이 복지가 좋아서 온 것은 아니다. 나는 복지를 원하지도 않고 단지 일을 할 수 있으면 그것으로 만족하는 사람이다.

"저는 이 일을 70세까지 하고 싶습니다. 저는 이 일이 좋습니다! 옆에 있는 조정희 동생은 10년 동안 같은 직장에서 저를 위해 아침마다 도시락을 싸준 동생입니다. 함께 이곳에서 일하고 싶습니다."라고 대답했다. 59세인 나를 뽑아줄 리 없지만 조정희 동생은 합격하기를 바랐다. 오후 5시부터 오후 7시팀 라운딩을 하는 3부 반을 모집하는데 면접자는 100명이 몰렸다. 그중에 35명만 합격했다.

오후 2시 면접인데 잠이 오지 않았다. 16년 만에 새로운 직장에 면접을 보는 것이라 떨렸다. 그것도 면접이라고 잠을 설쳤다. 면접을 보는 날 갑자기 조장 선거가 있어 밀양 골프장 팀장에게 '오전에 전체 회의가 있어 오후에 면접을 봤으면 합니다.'라고 문자를 보냈다. 정말 엉뚱하다는 생각을 했을지도 모른다.

회의를 마치고 곰탕집을 운영하는 박숙자 엄마를 오전 7시에 깨워 곰탕 한 그릇을 얻어먹고 밀양으로 향했다. 오전 11시에 도착해 골프장 근처를 둘러보았다. 근처에 강이 있었다. 나는 물을 보면 마음이 평온해져 강가를 걸어보았다. 근처에 있는 중국집에 가서 짬뽕을 맛있게 먹었다. 내가 가장 좋아하는 중국 음식은 짬뽕이다. 그날은 영하 10도가 넘었다.

조정희가 도착했다고 전화가 왔다. 오후 1시가 되어 면접장에 들어가 앉았다. 30세로 보이는 남녀가 하나둘씩 모여들었다. 선남선녀들뿐이었다. 그중에 대구은행에 근무했던 30세 남자도 있었다. 모두 인상이 좋아 보였다. 그날은 영하 10도로 혹한이었다. 면접복을 너무 얇게 입고 갔다. 면접 내용은 캐디라면 누구나 말할 수 있는 것들이었다.

"이곳에 지원하게 된 동기는?"

"내가 경험한 진상 고객은?"

"타구 사고 시 대처방안은?"

"이곳에 와서 느낀 점은?"

조정희는 내가 사장님께 "저는 이 일이 좋습니다! 70세까지 일하고 싶어요!"라고 말하는 것을 듣고 갑자기 눈물을 왈칵 쏟았다. **나를 누구보다 잘 알고 일을 사랑하는 것을 알기 때문이다.** 그때 사장님께서 "휴지 좀 챙겨주세요."라고 말하자 나만 빼고 모두 일어나 휴지를 가지고 왔다. 마음처럼 몸이 움직이지 않았다. 순발력이 떨어진다는 것을 그때 알았다.

신설 골프장이라 30세 젊은 캐디들만 일을 하고 있었다. 골프장 중간중간 해저드가 많았다. 골프장을 한 바퀴 구경시켜준 동생은 서울에서 내려와 일하고 있다고 했다. 나와 함께 근무한 현령 동생과 같은 아파트 기숙사에 룸메이트라고 말했다. 손과 발이 꽁꽁 얼고 입이 굳어 말이 잘 나오지 않을 정도로 엄청 추운 날씨였다. 가지고 온 마스크와 장갑을 하나씩 나눠 껴야 할 만큼 엄청 혹한이었다. 그렇게 추운 날은 평생 처음이었다. 밀양에 근무하는 현령 동생은 엄마와 함께 살고 있다. 50세가 넘어도 결혼은 하지 않았다. 보험을 여러 개 가입해 둬 일도 열심히 하는 동생이었다. 부곡에 근무하고 있는 직장 동료에게 전화를 걸어 오늘 밀양에 내가 면접을 보러 왔다고 안부 전화를 했다고 한다.

인연은 어딜 가나 한 사람은 있게 마련이다. 나는 16년 동안 이곳에 일한 고객들이 편하고 골프장 코스가 쉬워 일할 수 있으면 이곳에 2년은 더 일하고 싶은 마음이 굴뚝같다. 하지만 나이가 많아서 퇴사를 원하니 더 이상 버틸 수도 없는 노릇이다. 가끔 내 마음이 '사장님께 한번 부탁해볼까?' 하는 마음이 꿈틀대기도 한다. 하지만 더 말하면 나는 정말 염치없는 사람이 된다.

"박수칠 때 떠나라!" 이 말이 명언이다.

그동안 뜻대로 되지 않았다면 완전히 방법을 바꿔서 시도해 보라. 백 배로 크게 생각하고 끝에서부터 시도해보라.

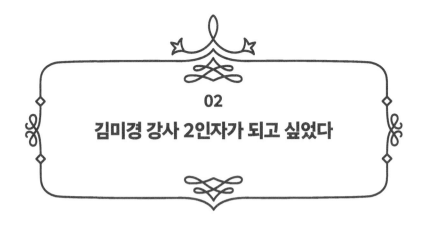

02
김미경 강사 2인자가 되고 싶었다

멘토를 그대로 카피하라! 차후에 나를 완성하면 된다

나는 김미경 강사님의 2인자가 되고 싶었다. 딸의 대학 공부를 마치자 이제 나를 위해 살아야겠다고 생각했다. 그래서 나도 김미경 강사님처럼 남의 인생을 바꿔줄 수 있는 메신저가 되고 싶었다. 회사 일을 마치고 밤 11시에 부곡 터미널 옆 가로등 불빛도 없는 어두컴컴한 공원 내 공연장에서 핸드폰 라이트를 켜놓고 머리에는 마이크를 두르고 김미경 강사님의 돈에 대한 유튜브 강의를 틀어놓고 강사님의 손짓발짓 몸 포즈를 그대로 따라 하며 강사의 야망을 키웠다. 지나가는 술 취한 사람이 "야!" 하며 고함을 질러 소스라치게 놀라기도 했다. 그래도 꿈이 있어 행복했다.

강사가 되려면 강사 자격증이 필요하다고 생각했다. 그 생각이 든 순간 부산 안내 번호 114에 전화를 걸어 강사학원 번호를 물어 부산 센텀에 있는 부산 리드에 전화해 한 달 수강료 70만 원을 바로 송금했다. 회사에 1월

한 달 동안 휴가를 내어 매주 월요일부터 금요일까지 단 하루도 빠지지 않고 양산에서 부산 센텀 역까지 왕복 3시간 거리를 한 달 동안 다녔다. 오전 9시부터 오후 6시까지 수업을 받았다. C.S 강사, 법정 의무교육, 컬러진단, 성희롱 예방 교육 강사 자격증을 시험과 실기를 통해 취득했다.

좀 더 능력 있고 힘 있는 강사가 되고 싶었다. 부산 서면에 있는 정보영 스피치 학원에 매주 월요일과 화요일을 7개월 동안 휴가를 내어 오후 4시부터 김보람 강사님께 강사의 기본자세와 포즈 호흡과 발음 스피치를 배웠다. 학원을 마치고 오후 7시에 바로 옆 건물에 있는 박 코치 영어 학원에 4개월을 다녔다. 그 뒤 10일 동안 캐나다를 혼자 여행을 다녀왔다.

노력은 헛되지 않다 언젠가 빛을 발한다

영어 학원을 마치고 바로 부산 시민공원에 1시간 거리의 지하철을 타고 가서 엄마들이 삼삼오오 쉬고 있는 평상에 찾아가 성희롱 예방 교육을 연습했다. 부산 시민공원에 가기 전 지하차도에서 노트북에 들어 있는 성희롱 예방 PPT 동영상을 틀어놓고 지나가는 차들을 무시하고 혼자서 떠들어 댔다. 누가 들어 주든, 들어 주지 않든 내겐 중요하지 않았다. 실력을 쌓는 것이 나에게는 중요했다.

양산에서 부산 스피치 학원에 가는 도중 지하철 좁은 공간 속에 갇혀 성희롱 예방 강의를 혼자서 연습했다. 지하철 관계자가 나를 쳐다보며 눈을 부릅뜨기도 했다. 가끔 지하철 관계자가 없을 때 나의 인생을 강연하기도 했다. 50대 중년 남자분이 많은 사람들 앞에서 물개박수를 쳐주었다. 내가 지하철 안에서 뻔뻔하게 강의 연습을 할 수 있었던 것은 그 중년의 응원 덕분으로 힘을 낼 수 있었다. 새벽 5시 첫 지하철을 타고 부산 시민공원에 찾아가 새벽 운동을 하는 분들 앞에서 성희롱 강의를 연습했다. 철봉을 하고 있는 할아버지가 나를 물끄러미 쳐다보기도 했다. 아침 7시에 음료수를 사들고 시민공원 내 에어로빅을 하고 있는 주부들 사이에서 율동을 따라 하며 마지막 시간에 강연을 했다. 양산으로 돌아가는 지하철을 기다리는 동안에도 아무도 없는 구석진 곳으로 찾아가 강의 연습을 했다.

부산 시민공원 내에 있는 넓은 공터에서 두 팔을 활짝 벌리며 아무도 없는 공간에서 강의 연습을 했다. 나를 내가 바라봤을 때 너무도 감격스러웠다. '지금은 내 강의를 들어줄 사람이 없지만 언젠가는 내가 설 자리가 있을 것이다.'라고 생각하며 시간을 버텼다.

비가 오면 10분 거리에 있는 회사 옆 영산공원에 찾아가 노트북에 두 개의 우산을 양쪽으로 받쳐두고 성희롱 예방 강의를 연습을 했다. 지나가는 엄마 아버지들이 잠시 서서 나의 말을 들어 주기도 했다. 시간에 쫓기며 살았기에 비 오는 날 일이 되지 않으면 공원에 가서 강의 연습을 하거나 컴컴한 밤에 공원 화장실에서 유튜브를 찍어 업로드했다.

보이지 않는 작은 노력이 모여 지금의 나를 만들었다

강사 자격증 4개를 취득하면 많은 돈을 벌 줄 알았다. 그래서 들뜬 마음에 더 열정적으로 살았다. 3부제가 시작되면서 몇 년 동안 오후 7시에 일을 나가는 막팀을 신청했다. 직원 100명 중 내가 가장 한가하고 딸의 공부를 다 시켰기 때문에 내가 다른 직원들보다 일을 늦게 마쳐도 된다고 생각했다. 아이들이 한 살 세 살인 직원 초등학생, 중학생, 고등학생, 대학생까지 모두 시간이 없는 바쁜 직원들뿐이었다. 그래서 내가 오후 7시 막팀을 자처했다.

새벽 2시에 일어나 회사 앞 마을 입구에 놓여 있는 평상에 누워 잠시 눈을 감고 시간을 기다렸다. 오전 3시에 출근해서 첫 팀 5시 팀을 나가 일을 하고 오후 2시에 라운딩 일을 마치면 바로 강의를 준비해서 창녕 부곡 거문마을에 있는 3곳의 노인정에 음료수와 과일을 사서 찾아갔다. 70세가 넘은 엄마 아버지들을 앉혀놓고 성희롱 예방 강의를 연습했다. 뜨거운 여름 햇살 아래 길거리에서 잔디를 심고 계시는 엄마 아버지들께 아이스크림을 하나씩 나눠드리고 일하는 옆에서 강의를 연습했다.

어떤 날에는 회사에서 30분 거리에 있는 논밭에서 양파와 마늘을 캐고 있는 엄마 아버지들 앞에서 음료수를 논두렁에 내팽개쳐두고 성희롱 강의를 연습했다. 소기업과 택시회사에 찾아가 강의를 연습했다. 하지만 정작 창녕군청에서 성희롱 예방 강의를 요청했지만 강의를 할 능력이 되지 않아 다른 강사에게 강의를 넘겨야 했다. **노력했지만 기회가 와도 나는 그 기회를 잡지 못했다.**

하지만 나는 많은 강의 연습을 통해 유튜버로서 내 생각을 즉흥적으로 말할 수 있는 사람이 되었다. 매번 똑같은 내용을 유튜브에 올리다 보니 한 유튜브 구독자가 내게 문자를 남겼다.

"유튜브 영상을 대본을 써서 유튜브에 올려 보세요!"라는 메시지였다.

보다 못해 내게 한마디 한 것이다. 나는 완벽을 추구하지 않는다. 그냥 지금 당장 내 생각을 올리는 실행을 더 중요하게 생각하는 사람이다. 완벽한 원고를 준비하다 보면 제풀에 꺾이고 지칠 수 있다. 인생은 완벽이 없다. 인생 자체가 미완성인데 어찌 완벽을 추구한단 말인가? 그냥 저질러라! 그래야 시작이 쉽다. 시작해야 과정이 있고 결과를 만들 수 있다. 시작이 어려우면 아무것도 시작할 수 없다. 그냥 지금 바로 실행하는 행동 패턴을 장착하라! 그것이 성공으로 가는 지름길이다.

원고를 써서 유튜브 영상을 올리라는 말을 듣고 자청 님의 전자책 『유튜브 알고리즘 탭댄스』, 『초사고 글쓰기』 PDF를 구입해 공부했다. 유튜브 구독자가 1년 동안 300명이었는데 한 달 만에 400명이 되었다. 100명이 증가한 것이다. 그 뒤 김미경 강사님의 〈스피치 마스터 클래스〉, 〈자청 클래스 101〉, 〈안규호 클래스 101〉, 〈유근용 경매〉, 〈오은환 SNS〉 동영상 강의를 구매해 내적 성장에 힘썼다.

〈조영구의 트랜드 핫 이슈〉 TV 출연과 〈피플투데이〉 월간지에 두 번 등재가 되었다.

김미경 강사님의 2인자가 되기 위한 질주는 계속되었다

김미경 MKYU 열정 대학생 신입생 입학을 위해 인터넷 등록신청을 할 줄 몰라 등록비를 두 번 내기도 했다. 중복 입금이 되었다고 연락이 와서 십만 원은 미혼모 기금 모금에 기부했다. 열정 대학생 수업과제 중에 "자신의 인생을 책으로 엮지 않더라도 글로 써서 가지고 있어라!"라는 말씀을 듣고 그길로 밤 9시 회사 일을 마치고 바로 회사 근처 10분 거리에 있는 창녕도서관에 가서 한 달 동안 A4용지 300장을 써서 노란 대 봉투에 넣어 차 운전석 밑에 넣고 가지고 다녔다. 내 인생이 거기에 있어 항상 마음이 든든했다. 책을 어떻게 써야 하는지 몰랐지만 300장에 그냥 내 인생을 담았다.

그 뒤 **김주혁 씨의 교통사고**를 TV 뉴스를 통해 보게 되었다. 그때 든 생각은 '나도 교통사고로 죽을 수 있다.'라는 생각이 들었다. 그날 서울에 있는 딸 유나에게 전화를 했다.

"유나야! 우리도 여행 떠나자! 김주혁 씨가 교통사고로 죽었대. 엄마도 언제 죽을지 몰라."

나는 직감이 뛰어난 사람이라 뭔지 모를 이끌림으로 딸에게 여행을 떠나자고 했다. 번갯불에 콩 구워 먹듯이 우리는 한 달 동안 제주도 베트남 태국을 다녀왔다.

2년 뒤 내 차를 폐차할 만큼 큰 교통사고를 당해 나는 1년 6개월 동안 목과 부러진 다리를 치료하기 위해 병원 치료를 받아야 했다.

16년 경력 캐디가 전하는 당신의 꿈을 이루게 하는 힘

인생은 완벽하지 않다. 무슨 일이든 그냥 시작하라!

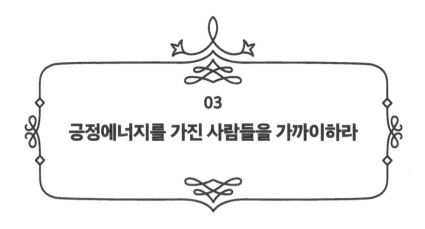

03
긍정에너지를 가진 사람들을 가까이하라

현생의 자신의 모습은 전생의 계산서다

문창근을 만난 건 내 나이 39세 이혼한 지 6년이 지난 시간이었다. 그때 나는 주식투자 실패로 신용불량자였고 이혼을 한 상태였다. 아무리 죽으려고 애를 써도 목숨이 끊어지지 않자 죽음을 포기하고 이제 한번 살아보겠다고 마음을 먹고 살아가고 있었다. 그때 부산 덕천동 뉴코아 상가를 분양하고 있었다. 항상 뭘 먹어도 배가 고팠다. 가난한 사람은 아무리 밥을 많이 먹어도 배가 고픈 법이다.

문숙자 언니는 양산 맥부동산에서 처음 만났다.

몇 년 후 언니가 내게 말했다.

"수빈아! 부산대학교를 나오고 상가 건물도 있는 초등학교 동창이야 한번 만나봐!"라고 했다.

나에게 찾아온 한 줄기 희망 문창근

아무런 희망도 없이 살아가던 나는 상가 분양 팜플릿이 가득 들어 있는 무거운 검정 가방을 부산 동래역 지하철 짐칸에 넣어두고 약속한 동래역으로 걸어갔다. 소개받은 날 처음엔 부끄러워 그의 얼굴을 쳐다보지 못했다. 그는 까만색 두꺼운 외투를 입고 있었다. 둘이서 횟집에 가서 회를 먹었다. 6년 만에 처음 먹어보는 회였다. 이혼하던 날 딸과 전남편과 먹어보고 처음 회를 먹었다. 그가 나에게 쌈을 싸서 주었다. 그 사람의 얼굴은 차마 쳐다보지 못했다. 밥을 다 먹고 창근이 양산까지 택시를 타고 집에 데려다 주었다. 그리고 다음 날 "잘 들어갔느냐?"라고 전화를 했다.

내 인생 두 번째 대운 신호탄 차상곤 부사장님

차상곤 부사장님을 만난 건 상가 분양에 재미를 붙였을 때였다. 새벽 4시에 일어나 부산 해운대로 가는 지하철 첫차를 타고 기대에 찬 마음으로 오피스텔 분양 현장으로 향했다. 새벽 6시에도 오피스텔을 사겠다는 사람들의 대기 줄이 끝이 보이지 않을 정도였다. 족히 1,000명은 온 것 같다. 부산 덕천동 뉴코아 상가 팜플릿과 내 명함을 1,000명에게 일일이 손에 쥐어 주었다. 그때 뒤에서 부사장님이 나를 불렀다. "문수빈씨! 내일 오피스텔 계약하는 날인데 오전에 줄을 좀 서 주시겠습니까?"라고 물었다. "예. 줄을 서 드리겠습니다."라고 대답했다. 그때 내 형편이 어려워 한쪽 손에는 유나의 핸드폰으로 고객에게 전화를 하고 내 폰으로는 고객의 전화만 받을 수 있었다. 핸드폰 비를 내지 못해 유나의 핸드폰을 함께 들고 다녔다. 상가 분양 사무실에 입사할 때에도 양산에서 부산까지 올 교통비가 없어 50만 원을 김상근 본부장에게 빌렸다. 지금 생각하면 참 고마운 분이다. 뒤에 커피숍 18억 원을 계약했을 때 감사하는 마음을 담아 250만 원을 봉투에 넣어드렸다. 직원회식비로 50만 원도 함께 드렸다. 나를 위해 부산 화명동에서 덕천동 뉴코아 팜플릿을 뿌려준 한원영에게도 50만 원을 줬다. 현장 가족들에게는 막걸리와 돼지머리 수육과 떡을 해서 대접해 드렸다.

차상곤 부사장님 은인을 만나 18억 원 커피숍을 계약했다. 상가 분양사에서 건물이 완공되고 커피숍을 입점해야만 분양 수수료를 주겠다고 했다.
창근이 분양 대행사를 찾아가 협의를 한 날 통장에 오천만 원 분양 수수료가 입금되었다. 어려운 일을 해결해 주어 고마운 마음에 창근에게 이백만 원을 현금으로 주었다. 창근의 집 부엌에 있는 오래되고 낡은 싱크대를 새것으로 교체해 주었다.

창근은 18년 동안 내게 베풀기만 한 사람이다. 새 아파트로 이사를 할 때마다 TV와 선풍기를 사다 주었다. 천재지변 코로나 사태로 어려워지자 창근의 4층 건물에 입점한 임차인들이 코로나로 장사가 안 되서 상가 임대료를 1년 6개월 동안 내지 못했다. 창근이 많이 힘들어했다. 그래서 얼마 전교통사고 합의금으로 받은 돈 250만 원을 창근의 신협 대출이자를 내가 내주었다. 그가 나에게 베푼 은혜에 비하면 아무것도 아니었다. 코로나 사태로 세상이 힘들어지자 창근은 상가 건물을 부동산에 내놓자고 했다.

마음 착한 창근은 30년 동안 임대료를 단 한 번도 올린 적이 없다. 그래서 임차인이 변동이 없었다. 위치가 좋아 10억 원 상가를 7억 원에 급매로 내놓자 부산 김 회장님이 현금으로 매입해주셨다. 현금으로 사는 조건이라 금액을 더 내려 계약을 했다.

창근은 평생 직장생활을 창원 현대정공 3년 다닌 것이 전부다. 머리가 특출하고 핸섬하며 남과는 다른 사고방식을 가진 창근을 알아보고 현재 부사장님이신 분이 항상 창근을 동행하며 업무를 보았다. 아버지가 갑자기 풍과 치매가 오셔서 병간호를 위해 직장을 퇴사했다. 처자식이 있는 사람은 생각하지도 못할 결정이었다. 1년이 넘게 아버지를 간호했다. 하지만 결국 돌아가셨다. 그 뒤로 창근은 직장생활을 하지 않았다. 매월 들어오는 월세 350만 원과 어머니 집 매매가 10억 원 중 7억 원이 창근의 지분이었다. 그래서 직장생활의 필요성을 느끼지 못했다. 오히려 돈이 독이 되어 술로 허송 세월을 보내 인생을 탕진했다. 항상 미래를 준비하는 사람이어서 상가 건물을 팔고 몇 개월을 넘기지 못하고 이 세상을 떠났다.

창근은 그래도 가끔 나와 부산 만덕 백양산에 올라가 시원한 그늘에 앉아 도란도란 이야기도 하고 나에게 노래도 불러주었다. 그때 그 순간이 그와 나의 가장 행복한 순간이었다. 그가 급격히 몸이 안 좋아질 때 그의 집에 갔었다. 아들은 큰방에 있고 그는 화장실 옆에서 속옷이 흥건히 젖은 채 앉아 내가 며칠 전에 갖다준 해물탕을 주섬주섬 주워 먹고 있었다. 여름이라 음식은 상할 대로 상해 있었다. 하지만 **창근은 억지로라도 살아야 한다고 생각했을 것이다. 힘겹게 자신과 싸우고 있었다.**

다음 날 창근에게 병원에 입원할 것을 권유했다. 하지만 한 달에 300만 원이 넘는 병원비를 감당하지 못해 그는 입원을 극구 반대했다. 그의 만류 때문에 그를 집에 그냥 두었다. 그날 창근은 많은 대변을 쏟아냈다. 얼마 전에 병원에 입원했을 때 "알 수 없는 균이 있다."고 의사 선생님이 말했다. 그때 창근의 아들과 나는 대수롭지 않게 생각했다. 6개월에 한 번씩 한 달간 중환자실에 입원했다가 퇴원하는 쳇바퀴를 3년간 반복했다. 병원 치료를 하고 나면 또 언제 그랬냐는 듯 창근은 씩씩했다. 그래서 이번에도 조금 시간이 지나면 다시 기운을 차릴 것이라고 생각했다. 그는 1주일 뒤 심장마비로 이 세상을 떠났다.

그가 다시 이 세상에 태어난다면 행복한 인생을 살았으면 좋겠다.

16년 경력 캐디가 전하는 당신의 꿈을 이루게 하는 힘

인연이란 귀한 것이다. 이 세상에 태어나 진정한 인연을 만났다는 것은 천
운이다

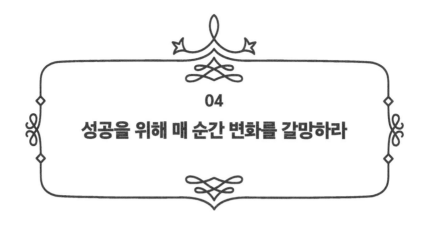

04
성공을 위해 매 순간 변화를 갈망하라

한 줌 같은 희망일지라도 그 희망의 편에 기대서라

나는 누구보다 변화를 갈망한다. 마산여상 야간고등학교를 졸업했기 때문에 죽을 때까지 공부해야 한다는 강박증이 있다. 휴가를 낸 날에도 늦잠을 자거나 소파에 누워 TV를 보고 있는 시간에도 마음속 깊은 죄책감에 시달린다. 그것은 55세 젊은 나이에 엄마가 돌아가셨기 때문이다. 엄마는 16세에 부산 광안리에서 태어나 함양 산청 지리산 밑에 살고 있는 농부 문정칙에게 시집을 왔다. 10살이나 많은 아버지였다. 산속 시골에 농사를 짓는 가난한 농부였다.

애절한 엄마의 인생

16세 엄마는 시어머니와 증조할머니까지 모셔야 했다. 시어머니는 아버지와 엄마가 겸상을 못하게 했다. 그래서 엄마는 추운 겨울에도 차가운 마루에서 밥을 먹거나 밤을 지새우기도 했다. 시어머니는 아버지와 함께 있는 엄마를 못마땅하게 생각했다. 지금도 산청 시골의 벼 이삭 냄새가 내 코로 스친다. 어린 나이였지만 아버지와 여러 이웃 사람들과 벼 묘목을 심으며 줄을 옮기는 기억과 꽁보리밥과 부침개 막걸리를 머리에 이고 논으로 걸어오고 있는 엄마의 모습이 눈에 선하다.

문하성 그녀의 빛나는 인생 신호탄

지금은 엄마 아버지가 돌아가셔서 산청 묵곡리 430번지 엄마의 신혼집 옆에 누워 계신다. 하성이 언니와 막내 정빈이는 큰일이 있을 때마다 이곳 산청 엄마 아버지가 계시는 산소에 찾아와 음식을 대접해 드리고 많은 얘기를 나누고 간다. 그러고 나면 항상 기쁜 일이 있었다. 문하성 작은언니는 마산여상을 반장으로 졸업했다. 한국중공업 연수원에 업무연수를 온 형부를 만나 첫눈에 반해 결혼했다. 작은언니가 형부를 처음 만난 날 내게 말했다.

"예수님같이 생겼어!"라고 했다. 언니의 말대로 형부는 귀티 나는 얼굴에 말이 없고 35년 동안 설날과 명절에 만나면 "허허" 하며 웃는 것이 전부다. 시골에서 태어나 서울에서 대학을 졸업했다. 포스코 상무로 정년퇴직하고 지금은 계열사 사장으로 일하고 있다. 작은언니는 초등학교 때부터 자신이 잘 할 수 있는 그림이라는 달란트를 찾아냈다. 초 중 고 사생부에서 그림을 그려 현재 화가로 활동하고 있다. 한국방송통신대학 중국어과를 졸업했다.

딸은 포항 고등학교에서 수석으로 졸업해 서울대 박사과정 중 제약회사에 입사해 유머 감각이 풍부한 남편을 만나 결혼했다. 결혼 전 의사와도 선을 봤지만 인연은 따로 있었다. 조카는 아무 조건도 보지 않고 그 사람의 인간성과 유머 감각에 반해 결혼했다. 예쁜 딸도 낳았다.

막내 문정빈의 반란

막내 여동생 정빈이는 H 대기업에 근무했다. 그곳에 업무를 보러온 김 서방이 예쁜 정빈이에게 반해 전화번호를 주고 갔다. 그리고 한 달 후 결혼했다. 정빈이는 진해에 살고 김 서방은 밀양 사람이다. 어떻게 그렇게 만나 결혼을 하는지 모르겠다. 김 서방은 장남으로 밀양에서 용 났을 만큼 공부를 잘해서 지금은 한국철도공사 지점장으로 일하고 있다. 정빈이는 두 아이의 엄마임에도 김해에 있는 아파트 매매를 시작으로 아파트 분양권으로 큰돈을 벌어 몇 번의 이사 끝에 지금은 대구에서 가장 비싼 아파트에 거주하고 있다. 대구에 이사해서 자신이 직접 거주할 아파트를 사기 위해 부동산 사무실에 직원으로 근무했다. 그런 숨은 노력이 있었기에 오늘 같은 영광이 있다고 생각한다. 지금은 머리카락을 케어해 주는 일을 하고 있다.

성격이 불같고 화가 나면 밥상부터 엎어버리는 아버지 밑에서 8남매는 벌벌 떨며 초년을 보냈다. 딸 다섯 명이 빨리 결혼해서 아버지를 벗어나려

하는 이유가 여기에 있다. 마음에 들지 않으면 머리부터 쥐어박고 화가 나면 눈이 돌아가 발부터 차는 아버지가 역겨워 우리는 아버지에게서 벗어나는 것이 지옥을 탈출하는 길이라 생각했다. 큰언니와 작은언니는 23세에 나는 26세 동생들은 28세에 모두 아버지에게서 도망치듯 결혼을 해 집에서 벗어났다.

아버지 문정칙에게 보낸 마지막 인사

나는 아버지가 싫었다. 여름이 되면 꼭 등물을 나한테 쳐달라고 하는 아버지가 역겨웠다. 싫어하는 아버지의 살갗을 만진다는 것이 죽기보다 싫었다. 하지만 8남매를 먹여주고 옷을 입혀주시고 키워주고 공부시켜주신 아버지의 은혜를 아버지가 돌아가신 날 처음으로 알게 되었다. 그래서 돌아가신 날 싸늘하게 식은 아버지의 얼굴을 감싸 안으며 아버지 귀에 작게 속삭였다.

"아버지 미안해!"

나를 낳고 키워주신 고마운 아버지에게 미안함을 전하는 마지막 인사였다. 상여가 나가기 전, 아버지의 관을 덮기 전 아버지에게 노잣돈 10만 원을 관속에 넣어 드렸다. 나는 누구보다 변화를 갈망하는 사람이다. 엄마가

55세에 간암 말기 선고를 받고 돌아가셨기 때문에 엄마의 인생까지 같이 살아야 한다는 부담감을 항상 느끼고 살았다. 결혼해서 8남매를 45세가 넘어서도 아이를 낳았다. 엄마는 8남매를 낳고 키우다가 **엄마의 꽃다운 인생을 단 한 번도 즐기지 못하고 노예처럼 살다가 이 세상을 떠났다.**

얼마 전에 내 꿈속에 엄마가 나타나 손바닥 하나 간격으로 서로 얼굴을 맞대고 서서 내게 사탕 한움큼을 손에 쥐여 주셨다. 4년 전 내 책을 처음 출간하는 날 새벽에 잠시 잠이 들었을 때 엄마와 아버지가 꿈속에 나와 기뻐하시는 꿈을 꾸었다. 그 후로 처음 엄마의 모습을 봤다. 아버지는 내게 안 좋은 일이 생길 때마다 꿈에 나오신다. 3개월 전에는 이틀 연속으로 아버지가 꿈속에 나오셨다. 그래서 차를 운전할 때마다 비상 깜박이를 켜고 고속도로에서 속도를 60㎞ 이상 달리지 않았다.

부산에서 양산으로 돌아오는 길에 차 번호 44번이 계속 눈에 보였다. 그래서 깜박이를 켜고 양산으로 돌아왔다. 우리 집을 1분 거리에 남겨두고 동생 은숙이가 전화를 했다. 그래서 통화를 하느라 더 차 속도를 늦췄다. 그 순간 "쾅!" 하는 괴음이 들렸다. 부산대병원 사거리에서 앞쪽에서 차 한 대가 빨간 신호를 무시하고 미친 듯이 달려와 내 앞 차 3대를 그대로 박았다. 그때 그 순간에 나는 차를 멈추고 숨을 쉬지 못했다. 60㎞로 달리지 않았다면 은숙이 전화가 오지 않았다면 내 앞에 차 3대가 없었다면 내가 맨 앞에 서 있었다면 나는 이 자리에 없었을 것이다.

아버지의 꿈으로 인해 차 운전을 천천히 했고 조심하고 또 조심했다. **아 버지로 인해 나는 여러 번 위기를 넘기며 목숨을 건졌다.**

나는 야간고등학교를 다니면서도 3년 동안 일요일마다 밀린 공부를 채우기 위해 진해 탑산 밑에 있는 진해 도서관에 아침 6시에 들어가 밤 11시에 맨 마지막에 문을 닫고 나왔다.

타자 실력을 보충하기 위해 일요일에 한글과 영문 타자학원에 다녔다. 타자 시험을 한국 직업 관리공단에서 2급 자격증을 각각 취득했다. 은행을 다닐 때에도 은행 업무를 마치고 오후 9시에 꽃꽂이 학원을 10년 동안 다녔다. 메이크업 영어 일본어 학원에도 다녔다. 끊임없이 나의 성장과 발전을 위해 자기 계발에 최선을 다했다. 지금도 배움에 항상 목이 마르다. 배움의 욕망은 나를 더 채찍질했다. 지금은 연기자와 시니어 모델에 도전하고 있다.

> **16년 경력 캐디가 전하는 당신의 꿈을 이루게 하는 힘**
>
> 안된다 생각하면 핑계와 변명만 생겨난다. 된다고 생각하면 방법이 보인다.

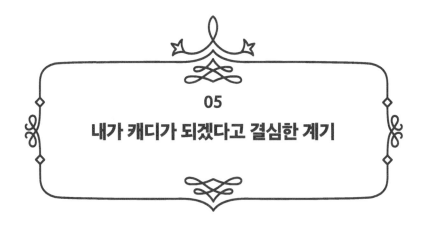

05
내가 캐디가 되겠다고 결심한 계기

자신이 꿈꾸는 것이 실현되기 까지 버퍼링 시간이 걸린다

내가 캐디가 되겠다고 결심한 계기는 유나가 고등학교를 들어갈 때였다. 수중에 단돈 만 원이 없었지만 딸 유나와 나의 목표는 미국 유학이었다. 가난하다고 꿈마저 가난하지 않았다. 캐디가 되겠다고 결심한 순간 캐디학원을 검색해 보았다. 부산 서면에 있는 영광도서 옆 상가 건물에 작은 학원이 있었다. 동생 은숙이에게 사정 얘기를 하고 30만 원을 빌려 학원에 등록했다. 캐디가 되기 위해 5명 정도 책상에 앉아 4주 동안 이론수업을 받았다.

4주 과정으로 키가 크고 예쁜 아가씨가 설명을 잘해 주었다. 수업이 끝난 뒤 이론시험도 쳤다. 캐디 학원과 연결되어 있는 곳이 마산 합성동에 있는 작은 사무실이었다. 등본과 이력서를 가지고 찾아갔다. 그곳에서 부곡 컨트리를 소개해주었다. 면접이 있던 날 창근과 함께 이곳 부곡까지 1시간이 걸려 도착했다. 산속에 있어 '또 내가 이곳까지 찾아올 수 있을까?' 하는 생각을 잠시 했다.

부곡 컨트리 기회의 땅을 밟다

면접을 보기 위해 이곳에 모인 사람들은 족히 20명은 넘었던 것 같다. 거의 여자들만 왔다. 설명을 듣고 순서대로 면접을 봤다. 중국에서 온 박해경이 그곳에 있었다. 울산에서 온 미영이도 있었다. 미영이는 덩치도 크고 목소리도 걸걸해 많이 활달했다. 그래서 반장이 되었다. 하지만 면접에 합격하고 카트 운전 시험에서 불합격을 당해 캐디가 될 수 없었다. 지금은 노인들을 간호하는 노인복지사로 행복한 인생을 살아가고 있다. 중국에서 온 박해경은 15년 동안 매일 두 번 일하는 투 타임을 했다. 많은 돈을 벌어 김해에 자신의 명의로 된 아파트를 샀다. 자가용도 비싼 차를 현금으로 샀다. 한국 사람보다 멋진 사람이었다.

처음 면접을 볼 때 홍 차장님과 서영란 마스터님 두 분이 면접을 봤다. 그런데 그날 마스터님은 나에게 아무런 질문도 하지 않았다. 16년이 지난 지금 돌이켜 볼 때 '43세로 나와 동갑이고 얼마나 어려우면 이 일을 하러 왔을까?'라고 생각했을 것이다. 홍 차장님은 계속 이렇게 되뇌셨다. "나이가 많은데… 나이가 많은데…."라고 중얼거렸다 나는 차장님께 당당히 말했다.

"저는 은행에 15년을 근무했고 고객 서비스는 자신 있습니다! 한번 일하게 해주십시오! 후회하시는 일은 없을 겁니다!"

홍 차장님은 한번 믿어보자는 생각으로 나를 일해 보라고 하셨다. 그때 내 나이 43세였다. 20년 동안 이곳에 43세를 입사시킨 적이 없다고 말했다. 더 열심히 일해야겠다고 생각했다. **주식투자 실패로 단돈 만 원도 없이 이곳에 찾아왔다.** 딸은 고등학교 1학년이었다. 딸 유나의 담임은 딸의 자존심 따위는 배려해 주지 않았다. 아이들 앞에서 "기초 수급자 확인서를 가지고 오라."라고 말하기도 했다.

딸은 알게 모르게 자존감이 바닥을 쳤고 우울증이 심해 부산에 있는 병원에 가서 혼자 정신과 치료를 받고 왔다고 했다. 그 사실을 딸이 대학을 졸업하고 취업을 했을 때 말해주었다. 지금은 서울 강남에서 호텔리어로 일한 지 5년 차가 되었다.

나를 있게 해 준 은인들

딸을 대학 공부를 시키고 미국 유학을 보내겠다는 목표를 위해 이곳에 찾아와 두 달 동안 교육을 받고 캐디가 되었다. 단돈 만 원이 없어 기숙사에 같은 방을 배정받은 김미숙에게 3만 원을 빌려 그날 같이 마트에서 필요한 것을 샀다. 그날 면접에서 서영란 마스터님이 나를 나이가 많다고 면접에서 탈락시킬 수도 있었다. 하지만 나에게 엄청난 인생의 두 번째 기회를 준 사람이다. 지금까지 30년 동안 원백부터 부곡 컨트리에서 일한 60세

강 언니도 내가 일하는 동안 어떤 꼬투리라도 잡아 나를 퇴사시킬 수 있었다. 하지만 그렇게 하지 않았다. 직원 회식 때에는 10만 원씩 찬조금을 냈다. 나를 일하게 해 준 회사에 대한 고마움의 표시였다. 전체회식이 있는 날은 단 한 번도 빠지지 않았다. 직원들과의 인연은 소중하다고 생각했다.

그래서 나는 서영란 마스터님과 홍 차장님께 설날과 추석 크리스마스에는 주유권 10만 원과 사과와 배 한 상자씩을 꼭 선물해 드렸다. 차장님이 회사를 퇴사하는 날 부산 롯데백화점에 가서 가죽 지갑과 가죽 벨트를 사서 선물해 드렸다. 어떤 날에는 해산물 대게를 한 상자 사서 부산으로 퇴근하는 고속 터미널에서 1시간을 기다려 전달해 드렸다.

내가 이토록 은인들에게 감사의 마음을 전하는 것은 43세라는 나이에도 16년 동안 일해 5억 원을 벌어서 딸을 미국 유학을 보내고 대학을 졸업시켰기 때문이다. 대학을 졸업하고 1년 동안 외항사 승무원 취업 준비를 위해 싱가포르와 서울 항공료 승무원학원비 면접 비용 수영을 배우기 위해 들어간 경비를 계산하면 2,000만 원은 족히 넘는다. 부곡 컨트리는 16년 동안 먹고 해외여행을 다닐 수 있는 기회를 딸과 나에게 준 기회의 땅이기도 했다.

창근이 이곳을 배웅해 준 뒤 16년을 근무했다. 창근과 18년을 서로 의지하며 살아왔다. 지금은 이 세상을 떠난 지 1년 3개월이 지났다. 이렇게 나는 잘살아가고 있다. 나는 이곳에서 많은 은인들을 만났다. 지금은 퇴임하신 아시아 볼보 석위수 회장님을 만나 회장님의 도전했던 정신을 본받아 끝없이 도전하는 사람이 되었다. 딸을 결혼시키고 이제는 자유인이 되어 한국의 모든 삶을 정리하고 미국으로 떠나려 했다. 회장님께 의논해 많은 인생 조언을 얻었다. 한국에서 행복한 생활로 노후를 마치라고 말해 주셨다.

사람마다 삶의 방향은 다르다

사람마다 삶의 방향은 다르다. 고려대를 졸업하고 삼성중공업 창원 현장 본부장을 시작으로 아시아 볼보 회장님이 되기까지 30년을 볼보에 바쳐오신 도전하는 삶의 표본 석위수 회장님의 귀한 말씀을 듣고 살아가고 있다. 나는 회장님의 책을 내 손으로 만들어 드리고 싶었다. 하지만 스스로 3권의 책을 내셨기에 나의 제안을 정중히 거절하셨다. 회장님은 영어 공부를 하기 위해 독학으로 노트에 중요한 회화들을 5권을 적어 외우기를 반복해서 영어를 정복하셨다. 아시아에 있는 모든 볼보 회사를 관리하는 일을 하셨기 때문에 무엇보다 소통이 중요했다. 업무 소통을 위해 뼈를 깎는 영어 공부의 고통을 이겨냈다. 석위수 회장님의 끝없는 도전에 저절로 머리가 숙여진다.

지금은 의사 사위와 딸 전경련 사모님과 노후에 골프를 치며 행복하게 살아가고 있다. 사모님은 초등학교 교사로 정년퇴임 하셨다. 봄에는 손자 손녀에게 줄 나비를 잡기 위해 곤충망을 가지고 들판으로 나가고 여름에는 올챙이를 잡아 주기 위해 깡통을 가지고 골프장에 오신다. 직접 올챙이를 잡아가신다. 라운딩을 함께하는 가족들은 벌써 동심으로 돌아가 어린아이가 된다.

사모님은 평생 동안 회장님을 위해 새벽에 일어나 밥을 손수 지었다. 30년을 외국에만 계셨기 때문에 1년에 1주일 동안 한국에 돌아와 가족들과 행복한 시간을 보냈다고 한다. '얼마나 가족이 그리웠을까? 또 사모님은 회장님 없이 아들과 딸을 위해 혼자 얼마나 어려운 결정을 내려야 했을까?'라는 생각이 들어 눈물이 핑 돈다. 회장님과 사모님은 시골에 같은 동네 친구로 만나 백년해로했다. 회장님은 어릴 때부터 고려대학을 목표로 삼았다. 가정형편이 어려웠지만 무작정 보따리를 싸서 서울로 올라왔다. 고려대학교를 입학하고 4년 동안 고등학생의 집에서 학생의 공부를 가르치면서 고려대학을 졸업했다. 집안 형편이 어려워 대학을 포기하라는 부모님의 말씀을 뒤로하고 혼자서 손에 아무것도 없이 상경했다.

세상에는 도전하며 살아가는 사람이 많다. 하지만 외국에서 30년을 온 세계를 누비며 도전한 사람은 드물다. 그것도 볼보 아시아 회장으로 살아 간다는 것은 엄청난 도전과 포부 영향력과 인내력 내면의 스케일이 크지 않으면 결코 아시아 볼보 회장이 될 수 없다.

우리는 어떤 삶을 살아가야 할까? 우리는 끝없는 도전으로 나를 뛰어넘고 나를 초월하는 삶을 살아가는 것이 나에 대한 삶의 예의라고 생각한다.

16년 경력 캐디가 전하는 당신의 꿈을 이루게 하는 힘

목숨을 걸 수 있는 꿈, 꿈과 나 사이에 간격이 없는 꿈을 가져라. 그런 꿈은 무조건 이루어지게 되어 있다.

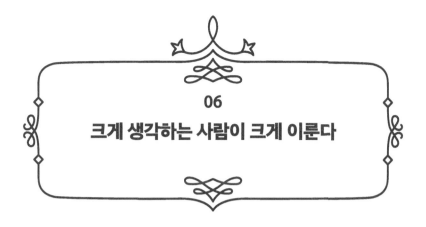

06
크게 생각하는 사람이 크게 이룬다

내 꿈을 종이에 적어라. 삶을 활기차게 만들고 미래를 바꾸게 된다

이곳에 단돈 만 원도 없이 와서 딸과 나는 미국 유학이라는 목표를 가지고 살았다. 일터가 꿈 터가 되니 일이 힘들지 않았다. '이렇게 돈 벌기가 쉬웠나?'라고 생각하며 내 체력이 어디까지 되는지 궁금했다. 그래서 한 달 30일 동안 매일 두 번 일하는 투 타임을 해 보았다. 그래서 작년 7월에 월 900만 원을 벌어 매일 매일 블로그에 올려놓았다. 제목을 캐디로 월 천만 원 벌기라고 적었다.

돈이 들어오면 돈이 꼭 나가는 일이 생긴다. 마지막 30일 날 서 코스 7번 롱홀에서 고객님의 볼이 산 쪽에서 내려오지 않았다. 그래서 올라가 보았다. 돌담이 쌓여 있어 볼이 잘 보이지 않았다. 내려오는 순간 내리막에 잔디가 미끄러워 그대로 시멘트가 깔려 있는 카트가 지나가는 카트길에 미끄러져 왼쪽 손목을 접질리게 되었다. 시간이 지날수록 손목의 통증이 심했다.

인생이 바뀌는 징조

내일은 시합이 있는 날이라 휴가를 뺄 수도 없었다. 밤 12시에 일을 마치고 옆에 있던 배윤이에게 고객님 클럽 백을 차에 실어달라고 부탁을 했다. 부랴부랴 창녕병원 응급실로 택시를 타고 갔다. 엑스레이를 찍고 검사를 해 보니 다행히 뼈에 금은 가지 않았다. 하지만 인대가 늘어나 반깁스를 하고 집으로 돌아왔다.

다음 날 아침 일찍 경기과로 찾아가 1주일 휴가를 냈다. 열심히 일해 돈은 벌었지만 또 그만큼의 병원비가 들었고 일을 하지 못했다. 그러고 보면 사람은 돈에 욕심을 내면 돈을 버는 것이나 돈을 까먹는 것이나 시간이 지나고 보면 셈 셈이 된다. 과욕은 이런 현상을 불러온다.

미국 유학을 가겠다는 목표와 꿈을 꾸니 살아가는 것이 활기가 넘치고 신이 났다. 부곡 컨트리에 입사하고 8년 동안 1년에 5일만 휴가를 내어 쉬었다. 360일을 매일 두 번 일하는 투 타임을 했다. 비가 와도 눈이 와도 나는 쉴 수가 없었다. 미국에 있는 유나의 1년 기숙사비가 1,500만 원이었다. 진해시 태백동 우리 집이 재개발되어 한 사람당 천만 원씩 통장에 입금이 되었다. 사람은 죽으라는 법은 없다.

나의 한계를 뛰어넘고 내 안에 잠자고 있는 거인을 깨워라

나의 한계를 뛰어넘고 내 안에 잠자고 있는 거인을 깨우기 위해서는 삶의 목표가 필요하다. 목표를 향해 매진하게 되면 또 다른 나를 만나게 된다. 나를 뛰어넘는 능력을 불러내게 되는 것이다. 나는 미국 유학이라는 목표 때문에 8년 동안 매일 두 번 일하는 투 타임을 할 수 있었다. 비가 와도 동생들의 일을 두 번 세 번 받아 일을 나갔다. 구모연 동생이 내게 말했다.

"언니는 참 특이해. 비가 오는데 일을 나가고?"라고 말했다.

경기과의 눈치는 나에겐 사치다

눈이 와도 18홀을 혼자 다 돌았다. 경기과의 눈치 따위는 내겐 사치였다. 나는 돈을 벌어야 하는 엄마였다.

눈이 오면 볼이 눈 속에 숨어 보이지 않는다. 그러면 색깔별로 노랑 빨강 주황 흰 볼을 고객님들에게 10개씩 나눠드렸다. 모든 팀이 캔슬이 나도 나는 돈을 벌어야 했기에 경기과의 눈치가 보였다. 하지만 딸의 공부가 더 중요했다. 카트길에 눈이 쌓여서 서 코스 9번 홀에서 카트가 눈길에 미끄러져 지그재그로 춤을 추기도 했다. 유학비 걱정 때문에 목숨이 위태로울 때도 많았다. 이런 경우엔 사고의 위험이 있어서 경기과에 라운딩 취소를 요청했다.

39년 직장생활 중 10가지의 직업

부곡 컨트리에 입사하기 전 핸드폰 화면에 얇은 비닐을 3겹 정도 입히는 회사에 3개월 동안 일을 했다. 아침 7시에 출근해서 오후 8시 반까지 일을 하고 한 달 86만 원을 받았다. 화장은 할 수 없는 회사였다. 핸드폰 액정에 화장품이 들어가면 안 되기 때문에 회사의 방침이었다. 우주복을 입고 일을 했다. 화장실을 한 번 가려면 우주복을 벗고 연기로 소독을 해야 했다. 하루 3번 정도 화장실을 갔다. 86만 원은 캐디가 1주일만 일하면 벌 수 있는 돈이다. 저녁 야식으로 먹는 팥빵과 우유가 그렇게 맛있을 수가 없었다.

유나는 나와 단둘이 살았던 아주 내성적인 소녀였다. 내 유튜브 영상을 단 한 번도 보지 못하는 딸이다. 엄마 얼굴이 나오는 영상을 부끄러워서 보지 못하는 성격이다. 유나가 유튜브를 한다는 것은 꿈도 못 꿀 일이다. 하지만 이제는 의식이 바뀌어 자청 님의 책 『역행자』를 직접 사서 읽어보는 사람으로 바뀌었다. 그 정도면 엄청 생각이 바뀐 것이다. 나는 딸에게 의식 변화에 대한 책을 선물을 많이 했다. "엄마! 책 좀 제발 보내지마!"라고 말할 정도로 유나는 책을 읽기를 싫어했다.

내 딸 유나의 잊지 못할 은인 김범직 선생님

유나의 중학교 담임 김범직 선생님이 있다. 선생님은 유나를 중1, 중2,

중3 학년을 담임을 지원해서 해 주신 분이다. 유나의 인생에 첫 번째 멘토이자 은인이기도 하다. 선생님은 우리의 가정환경을 잘 알고 자존감이 낮은 유나를 보호하기 위해 3년을 담임을 했다. 잘 챙겨 먹지 못해 시험 기간이 지나면 녹초가 되는 유나를 이해해 준 단 한 사람이기도 했다. 그래도 양산 제일고등학교 명문고를 나왔다. 전교 10등 안에 들어야 갈 수 있는 학교다. 김범직 선생님이 계셔서 유나가 자신감을 가지고 밝게 클 수 있었다. 고등학생이 되었을 때에는 고등학교에 김범직 선생님의 동생분이 선생님으로 계셔서 그분에게 유나를 부탁해 3년 동안 잘 보살펴 주셨다. 유나가 32세가 되어 결혼하는 날 김범직 선생님이 누구보다 기뻐하셨다. 양복 한 벌을 해드리고 싶었는데 아직 해드리지 못했다.

부산 정보영 스피치 학원 밑에 3평 정도 크기의 총각 도사 간판을 건 철학관 도사님이 계셨다. 나는 내 미래가 궁금해 도사님께 물어보았다.

"뭔지 모르지만 TV 출연할 일이 있습니다. 큰돈이 들어와서 이사를 합니다. 지금 만나고 계시는 분이 2년 뒤 건강이 악화되어 안 좋아지실 겁니다. 건강에 유의해야 합니다. 딸은 32세가 되면 결혼을 합니다."라고 말했다.

총각도사가 알려준 비밀

4년이 지난 지금 총각 도사님이 알려주신 대로 되지 않은 것은 단 한 가지도 없다. 도사님의 아버지는 스님이다. 아버지에게 철학을 배워 많은 사람들의 궁금증을 해소해 주는 일을 하고 있다.

철학관의 말만 듣는다고 인생이 바뀌는 것은 아니다. 그것을 참조하고 부족한 것을 메우고 잘하는 것은 더 열심히 성장시켜 살아가다 보면 많은 꿈들을 이루게 된다.

나는 엉뚱하고 많이 부족한 사람이지만 크게 생각하는 사람이 되려고 노력했다. 그래도 내가 지금 서 있는 곳에서 내가 할 수 있는 일을 하려고 노력했다. 그 작은 노력들이 모여 사람들의 인생을 바꿔주는 작가이자 책 쓰기 코치로 살아가고 있다.

이지성 작가의 책 『여자라면 힐러리처럼』에서 젊은 시절 힐러리 여사의 삶의 모토는 이러했다.

"젊은이여! 야망을 가져라! 그래야 크게 이룬다!"

자신의 꿈을 조금이라도 의심한다면 그 꿈은 실현되지 않는다. 신념은 그 어떤 시련과 역경과도 싸워 이겨내는 힘이다.

2장

인생을 바꾸고 싶다면
당장 움직여라

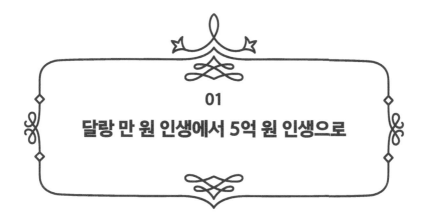

01
달랑 만 원 인생에서 5억 원 인생으로

지금 당신이 할 수 있는 것은 무엇인가?

나는 캐디라는 직업으로 5억 원을 벌었다. 또 한 가지 내 인생을 바꾸기 위해 책을 쓰고 유튜브와 블로그 네이버 카페를 통해 책 쓰기 홍보를 하는 것 그것이 내 인생을 바꾸는 두 번째 도구다. 당신은 자신의 인생을 바꾸기 위해 어떤 노력을 하고 있는가? 곰곰이 생각해 보라.

내 꿈을 이루기 위해서는 명확한 목표를 세워야 한다

딸 유나와 나의 목표는 미국 유학이었다. 단돈 만 원도 없는 주제에 주제 넘는 꿈이라고 생각할 수 있다. 하지만 나는 마산여상 야간고등학교를 다닐 때에도 은행원이라는 확실한 꿈이 있었다. 그 꿈을 향해 오늘 지금 내가 무엇을 해야 하는지를 생각했다. 그 꿈이 이루어지지 않을 것이라는 추호의 의심도 없었다. 3년 동안 하루하루를 열심히 살다 보면 3년 후에는 꼭 그 꿈을 이루게 될 것이라는 확신이 있었다. 그래서 항상 들끓는 심장 소리와 함께 살았다.

내가 4년 동안 책을 쓰는 이유도 여기에 있다. 책을 쓰는 것이 가장 즐겁고 내 심장이 들끓기 때문이다. 물이 끓는 온도는 100도다. 하지만 사람들이 심장이 떨리지 않는 이유는 1도가 부족한 99도에서 살기 때문이다. 당신과 내가 다른 이유는 1도의 임계점 차이를 아느냐 모르느냐 때문이다. 나는 3권의 책을 출간한 사람이지만 5권의 책을 쓴 사람이다. 4년 동안 매일 책을 썼다. 출간은 되지 않았지만 책 쓰기의 감각을 잃지 않기 위해 매일매일 조금씩 책을 썼다. 그것은 나와의 약속이기도 했다.

당신도 당신의 책을 써보라!

책을 쓰는 것이 얼마나 즐거운 일인지 얼마나 심장이 터질 것 같은지 경험하게 될 것이다. 나의 스승님 한책협 김태광 대표님은 25년 동안 300권의 책을 집필하고 1,200명을 작가로 만들었다. "책을 쓰는 것이 가장 즐겁고 사람들의 인생을 바꾸어주는 책 쓰기 코치가 제일 즐겁고 잠을 자지 않아도 행복하다."라고 말했다. 그 말을 3권의 책을 출간하고 4명을 작가로 만들어 주고 난 뒤 스승님의 행복을 조금은 이해할 수 있었다.

돈을 버는 것은 즐거운 일이다. 하지만 심장이 떨리는 일은 더 행복한 일이다. 그보다 남의 인생을 완전히 역전시켜 주는 일이야말로 심장이 터질 만큼 행복한 삶이다.

여러분은 가슴이 터질 듯한 삶을 살아보았는가?

'나는 이러다가 죽는 것이 아닌가?' 하는 생각이 들 만큼 벅찬 하루하루를 살아가고 있다. 당신의 삶의 목표는 무엇인가? 나는 책 쓰기 코치로 경제적 자유를 얻어 나의 요트를 타고 8남매 가족들과 딸 유나와 세계 일주를 하는 것이 내 마지막 꿈이자 버킷리스트다. 당신의 꿈을 지금 종이에 적어라! 그것이 당신의 꿈에 한발 다가가는 첫걸음이다. 나는 하루를 시작할 때 잠에서 막 깨어났을 때 30분 정도 눈을 감고 내 무의식에 내 꿈을 타투처럼 새긴다.

내 꿈에 가기 위해 지금 당장 내가 할 수 있는 것은 무엇인가?

나의 성공 확언을 3번 정도 되뇐다. 그리고 스승님의 『기적수업』 책을 하루 2장만 읽는다. 스승님의 책은 마음과 뇌리에 새기는 책이지 읽는 책이 아니다. 나는 유나에게 줄 한 권과 내가 읽을 한 권을 두 권 60만 원에 구입했다. 유나는 내가 책을 보내는 것을 부담스러워했다. 하지만 지금은 스스로 자기 계발서를 구입해서 읽고 있다. 딸이 내 책이 출간되고 4년이 지난 뒤 내게 한 말,

"열심히 잘하고 있네."라고 했다. 그 말이 내겐 최고의 찬사였다.

인생을 바꾸는 방법은 결코 어려운 것이 아니다. **내 꿈에 가까이 가기 위해 오늘 지금 당장 내가 할 수 있는 것을 하루 5분이든 10분이든 하는 것이다.** 인생을 바꾸는 방법은 『나는 책 쓰기로 월 천만 원 번다』에 모두 담아놓았다.

설날 2월 10일 결혼정보회사에서 전화가 와서 두 사람을 만나보았다. 한 사람은 부산대학을 졸업하고 기름을 판매하는 사람이라고 했다. 이름이 무엇인지 기억이 안 날 만큼 매력이 느껴지지 않았다. 나 역시도 수십억 원 재산가들에게 아무런 매력을 주지 못했다. 나도 누군가를 평가하는 사람이었다. 그 사람과 30분의 대화로 만남을 끝맺었다. 두 번째 사람은 오후 6시에 약속이 되어 있었다. 성질이 급한 나는 오후 1시에 약속 장소에 와 있다. 겨울인데 설빙이라는 곳을 약속 장소로 잡아 다시 영광도서 옆 스타벅스로 장소를 옮겨달라고 했다. 나는 찬 음식을 먹으면 특히 얼음을 먹으면 목감기가 바로 걸린다.

두 번째 만난 사람은 신차 배터리를 판매하는 사람이었다. 왕년에는 전국 1등을 해 외국 여행을 회사에서 많이 보내주었다고 했다. 지금껏 살면서 못생긴 사람 특히 피부가 안 좋은 사람을 만나본 적이 없는데 싫지 않아 30분 정도 함께 얘기를 했다. 약속 장소에 오기 전에 주차장을 못 찾아 골목에 차를 주차하고 왔다고 했다. "천천히 와도 괜찮으니 다시 주차장에 차를 세우고 오라."고 통화를 했다. 선보는 사람인데 얼굴도 보기 전에 핏대를 세우며 주차장 위치를 가르쳐 주었다.

'첫인상은 못생긴 사람'이라는 생각이 들었다. 하지만 조곤조곤 이야기하는 모습이 품위가 있었다. 연 매출 30억 원이라는 말을 듣고 믿기지 않았다. 나는 남의 말을 곧이곧대로 믿는 사람이지만 돈에 관해서는 아무 말도 믿지 않고 그 사람이 편안한지만 생각하기로 했다. 그것은 동생 은숙이 충고였다. 그 사람이 먼저 저녁을 먹으러 가자고 제안을 했다. 나도 싫지 않아 따라나섰다.

일전에 퇴짜를 맞고 혼자 복국을 먹으러 갔던 집에 찾아갔다. 주인은 나를 알아봤다. 식사주문을 하지 않고 가게 밖에서 그는 담배를 꺼내 물었다. 내가 식사 주문을 했다.

"복 지리 두 개요."라고 말했다.

그가 담배를 피우고 안으로 돌아왔다. 오른쪽 다리 하나를 의자에 걸터 앉았다. 처음 만나는 사람 앞에서 다리를 걸터 앉기는 힘든 일이다. 하지만 그와 그렇게 한 시간을 식사했다.

악연을 인연이라고 억지로 엮지 마라

식사 후 계산을 하는 그의 뒷모습을 봤다. 앞모습과는 다르게 귀티가 나는 뒷모습에 내 마음이 조금 움직였다. 그가 말했다.

"차를 가지고 왔습니까? 엄마한테 가보려고 합니다."라고 물었다.

"예. 차를 가지고 왔습니다."라고 대답했다.

우리는 3번째 책 원고 수정작업으로 만날 시간이 없어 2주일 후 만나기로 약속을 하고 헤어졌다. 양산 집으로 돌아와 빨래방에 가서 빨래를 돌리고 있었다. 그에게 전화가 와서 30분 동안 선을 본 첫날 통화를 했다. 우리의 만남은 술술 풀리는 줄 알았다.

부자가 되고 싶다면 자신은 부자가 되어 행복할 것이라 믿어라. 자신의 사고를 컨트롤할 수 있다면 우주는 자신이 생각하는 대로 움직인다.

02
삶의 목표를 잃지 마라

부부의 인연은 하늘이 정해 준다

최 님을 만나고 2주 동안 매일 오후 10시에 30분씩 통화를 했다. 두 번째 만남은 70세 엄마들이 끓여주는 곰탕을 먹고 양산 통도사에서 데이트를 했다. 오후 2시에 만나 오후 8시에 헤어졌다. 부처님이 계시는 곳에서 합장도 하고 긴 거리를 함께 걸어도 불편하지 않았다. 비가 와서 우산을 교대로 들기도 했다. 그는 "모든 것을 내게 맞추겠다."고 했다. 나는 욱하는 성질이 있으니 화가 나면 잠시 피해 있으라고까지 했다.

그는 "책 쓰기를 그만두고 함께 맛있는 식사를 하고 여행을 다니자."라고 제안을 했다. 내가 원하는 삶이기도 했다. 하루 30분씩 통화를 해도 불편하지 않고 그의 목소리가 따뜻했다. 3번째 데이트는 오후 12시에 만나 복국을 먹고 영화 〈파묘〉를 봤다. 영화가 무서워 귀와 눈을 막고 있는 나를 보고 그냥 나가자고 해서 영화를 보지 않고 나왔다. 오랜만에 영화를 보면서 팝콘과 콜라를 마셨다. 나름 운치가 있었다.

세 번째 책『나는 책 쓰기로 월 천만 원 번다』가 3월 22일에 출간되어 "산청에 계신 엄마 아버지 산소에 같이 가자."라고 했다. 흔쾌히 그렇게 하겠다고 했다. 하지만 두 번째 세 번째 데이트에서 저녁 식사를 제안했지만 내가 거절했다. 다음 날 새벽에 일찍 출근하는 것이 부담스러워 저녁 식사를 거절했었다. 헤어진 뒤 그가 두 번 내게 전화를 했다.

저녁을 혼자 먹어야 하는데 함께 먹지 않는 나를 이해하지 못했다. 그도 곰곰이 생각을 하고 이틀 동안 전화를 하지 않았다. 그래서 내가 직장을 다니고 있다고 말해야겠다고 생각했다. 회사 일을 오후 6시에 마치고 그에게 전화를 했다.

"직장을 다니고 있어요. 3월부터 11월까지는 3부제라 시간을 잘 내지 못합니다. 하지만 일 월 화요일은 휴가입니다."라고 말했다. 16년 동안 캐디로 일하고 있다는 지금의 현 상황을 알렸다. 그도 내게 말하지 못했던 개인 사정을 전했다.

"일요일 약속은 취소할게요."라고 불쑥 말이 튀어나왔다. 나도 모르게 이런 말이 나왔다. 꽃길만 걸을 줄 알았던 우리의 만남도 삐걱대기 시작했다.

"다음 주는 지인들과 해외로 여행을 갑니다. 가끔 전화하겠습니다."라고 전했다.

그렇게 그는 5일째 전화를 하지 않았다.

3일 동안 많이 힘들었다. 3번밖에 만나지 않았지만 그와 함께해도 되겠다는 생각이 들었다. 전남편을 3번 만나고 결혼을 했기에 3번의 느낌으로도 충분히 결정이 가능하다고 생각했다. 그는 오빠 집에 인사를 하러 가는 것이 빠르다고 말했다.

사람은 생각의 속도가 다르다

사람은 생각의 속도가 다르다. 사람을 보는 눈도 다르다. 하지만 나는 내 느낌을 믿는다. 그렇게 잘 생기지 않아도 기업체를 30년 동안 운영한 사람이라 딱 부러지는 구석이 있었다. 내가 가지지 않은 것을 가졌다고 생각했다. 마음도 따뜻해 보였다. 지인을 만나면서 내게 전화를 했다.

"기다릴 것 같아 전화했어요!"라고 말했다.

그의 배려가 고마웠다. 밤 12시가 넘어 전화를 또 해 주었지만 받지 않았다.

'수빈씨 늦게 전화해서 죄송해요.'라고 문자를 보내왔다.

기본은 다 갖춘 사람인 것 같았다. 하지만 아무 곳에나 마구 버리는 담배 꽁초는 이해하지 못했다. 스타벅스에서 다리를 꼬고 앉아 있는 모습이 멋져 보였다. 그에게 말했다. 내가 뭐가 마음에 들었는지 물었다.

인연은 마음으로 맺는 것이지 직업이 아니다

"작가라는 직업이 마음에 듭니다."라고 말했다.

"아무것도 아니다. 누구나 작가가 될 수 있다."라고 말해주었다. 그는 고등학교를 졸업했다. 나는 마산여상 야간고등학교를 졸업했다. 나와 그는 별반 다른 것이 없었다. 작가라서 선택했다는 말을 듣고 나의 본업을 말해주길 잘했다는 생각을 했다. 어차피 내 책을 읽으면 직업이 나와 있어 뒤에 싸움거리를 만들고 싶지 않았다.

그를 만나기 전날 영화배우 김혜수에게서 금반지를 받아 오른쪽 중지에 반지를 끼우는 꿈을 꾸었다. 17일 꾼 꿈이었는데 2일 내가 가끔 복권을 사러 가는 양산가게에서 로또 18억 원 1등 당첨이 나왔다. 나도 그날 복권을 샀지만 당첨은 되지 않았다. 금반지의 꿈풀이는 복권에 당첨되거나 결혼을 한다고 풀이를 해놓았다. 그와 별 탈이 없으면 그와 함께하고 싶었다.

행복의 조건은 무엇인가?

내가 좋아하는 사람보다 나를 좋아하는 사람을 만나 결혼하고 싶었다. 그래서 한 달 동안 전화를 하지 않고 그의 전화만 받았다. 내세울 것이 없는 나를 좋아해야 결혼할 수 있다고 생각했다. 그가 이틀 동안 전화를 하지 않자 내가 그에게 전화를 했다. '저녁 식사를 함께 먹지 않는 이유가 누구를 만나러 가는 것이 아닌가?'라고 생각했다고 했다. "다음 날 새벽 6시에 출근을 해야하기 때문에 저녁을 먹지 못했다."라고 말했다.

그와 약속을 취소하고 일이 되지 않아 이틀을 집에서 잠만 잤다. '전화해서 만나자고 할까?' 많은 고민을 했다. 하지만 그가 내가 좋다면 전화를 할 것이라고 생각했다. 나는 지금껏 내가 좋아하는 사람을 짝사랑만 하며 살아왔다. 이제는 나를 사랑하는 사람을 만나고 싶다.

그의 전화를 기다리며 회사로 출근하는 길에 지나간 추억의 노래를 끄집어내어 불렀다. 구창모의 〈어쩌다 마주친 그대〉와 송골매의 〈빗물〉 노래를 들으며 울기도 했다. 나는 결혼하기 전 최성수의 노래를 많이 들었다. 32년 만에 최성수의 노래 모음을 들으면서 따라 부르며 1시간 거리에 있는 회사에 도착했다.

'또 짝사랑이었구나. 또 사랑이 떠나갔구나.'라는 슬픈 생각이 들었다. 결국 사랑은 내가 어찌할 수 없는 것이다.

그를 만나고 금반지 꿈 외에는 꿈을 꾸지 않았다. 한 달 만에 비 오는 꿈 큰 생선을 굽는 꿈을 꾸었다. 나는 꿈을 꾸지 않으면 불안하다. 일의 진척의 속도를 꿈으로 선봉하기 때문이다. 그를 3번 만나도 꿈을 꾸지 않아 '왜 그렇지?'라고 고개를 갸우뚱했다. 그와의 결혼이 잘되면 필히 꿈으로 알려주는데 아무런 응답이 없어 답답했다. 하지만 금반지 꿈은 앞으로 좋은 일이 많이 일어날 것이라는 암시다.

> **16년 경력 캐디가 전하는 당신의 꿈을 이루게 하는 힘**
>
> 타인에게 공짜로 식사 대접을 받지 마라. 결국 푼돈 때문에 가장 소중한 시간을 잃게 된다.

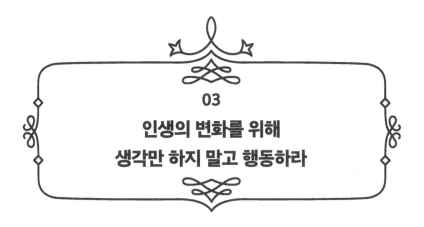

현명하고 친절한 캐디라면 누구나 OK!

캐디가 된 후 어떻게 하면 오버피를 많이 받을 수 있을까? 나는 거의 오버피를 많이 받는 편이다. 사모님팀을 나가도 이만 원은 기본으로 받는다. 이만 원이 한 달이 쌓이면 60만 원이 된다. 그 돈을 자기 계발비로 써 학원을 다녀도 되고 그동안 내가 사고 싶었던 옷이나 구두 가방을 살 수도 있다. 내가 가지고 싶은 물건을 살 수 있는 돈의 크기다.

나는 매일 일을 나갈 때에는 설렘부터 남다르다. 오늘은 어떤 고객님을 만나 행복한 5시간을 보내게 될까? 마음이 두근거린다. 16년 동안 일을 했지만 라운딩은 항상 떨리고 가슴 벅차다. 나는 은행에 15년을 근무했다. 은행 업무와 캐디업무는 동일하다고 생각한다. 고객을 대하는 마음가짐과 고객 서비스라고 하는 일이 같기 때문이다. 고객님의 가려운 부분을 긁어드리는 것과 같다. 그것은 누가 더 성실하게 마음을 담아서 고객님을 대하느냐의 차이다.

은행 업무도 고객 서비스 캐디 업무도 고객 서비스

은행 업무도 고객서비스이고 캐디업무도 서비스다. 밝고 환한 음성과 표정으로 고객님이 필요한 순간 순간을 해결해 나가는 것이 캐디업무다. 캐디업무는 보통 5시간 내지 투 타임을 할 경우 10시간 정도 소요된다. 나도 8년 동안 비가 와도 눈이 와도 매일 두 번 일하는 투 타임을 했다. 내 삶의 목표가 있었기 때문이다. 목표가 있으면 힘든 일도 힘들게 느껴지지 않는다. 내 목표를 향해 힘차게 달릴 수 있다. 내 꿈을 이루어가면 얼마나 심장이 떨리는지 모른다. 시간도 금방 지나가고 지칠 줄 모르는 철인이 된다.

일을 하다 보면 오버피를 많이 받는 캐디들이 있다. 어떤 사람은 오버피를 받지 못했다고 하는 사람도 있다. 나는 16년 동안 이곳에 근무하면서 오버피를 받지 못한 것은 열 번 정도밖에 되지 않는다. 거의 2만 원에서 3만 원, 5만 원에서 10만 원까지 받아봤다. 이렇게 내가 많이 받는 이유는 5시간이든 10시간이든 한결같이 밝게 웃는 얼굴과 경쾌한 태도에 있다고 생각한다. 어차피 일할 시간이라면 즐겁게 일하자는 생각을 가지고 있다. 고객님들과의 라운딩이 즐겁고 행복하다. 내가 즐거운 이유는 나는 이일을 일이라고 생각하지 않는다. 고객님을 단 한 번도 고객이라고 생각해 본 적은 없다. 유나를 공부시켜주신 은인이라고 생각했고 가족이라고 생각하며 살아왔다.

나를 있게 해 준 눈물겨운 은인들

고객님들이 내 마음을 알기에 내가 보이지 않으면 내 안부를 직원들에게 묻고 안부를 꼭 전해 달라고 하는 것이다. 고객님들이 직접 키운 블루베리 즙을 매년 한 통씩 프론트에 맡기고 가시는 사모님이 계신다. 배치실에 직접 찾아와 게장을 한 통 가지고 와서 나에게 전해 달라고 맡기고 가신 사모님도 있다. 곰탕을 한 통 끓여와 주고 가시기도 했다. 사모님들 중 골프화를 사라고 10만 원을 주신 분은 **박매경 사모님, 이순선 사모님, 김영애 사모님**이다.

그러니 내가 어떻게 고객님들에게 잘하지 않을 수가 있겠는가? 인생을 바꾸기 위해서는 생각만 하지 말고 행동하라! 인생이 달라진다. 인생을 바꾸는 방법에는 어떤 것들이 있을까? 성공한 사업가들의 자서전을 읽고 내가 그대로 따라 하는 몇 가지 방법을 소개하고자 한다.

내 꿈에 가기 위해 출근 전 1시간 퇴근 후 1시간 활용법

내 꿈에 가기 위해 출근 전 1시간을 활용하는 방법과 퇴근 후 1시간을 활용하는 방법만으로도 우리의 인생을 바꾸기에 충분한 시간이다. 5,000억 원 재산가 켈리 최 회장님은 하루 아침 10분으로 인생을 바꿀 수 있다고 『100일 아침 습관의 기적』에서 밝힌 바 있다. 켈리 최 회장님은 야간고등학교를 가기 위해 서울로 상경해 단돈 7,000원을 가지고 현재 5,000억 원의 신화를 만드신 분이다.

와이셔츠공장에서 일하고 받은 돈을 모아 고등학교 졸업 후 일본과 프랑스로 건너가 패션디자인 학교를 여러 곳을 졸업했다. 사업실패로 30세 후반에 10억 원의 빚을 지고 2년 동안 방 안에서 칩거를 했다. 죽으려고 센 강에 갔다가 둑을 딛고 뛰어내릴 힘이 없어 다시 '엄마가 생각하는 행복한 딸의 모습으로 살아보자'라고 생각했다. 그 후 2년 동안 사업계획과 준비기간을 거쳐 10년이 지난 지금 켈리델리 회장으로 엄청난 재산가가 되어 책과 유튜브를 통해 젊은이들에게 인생을 바꾸는 방법과 지혜를 모두 알려주고 있다.

세상을 바꾼 사람 켈리 최 회장님과 김승호 회장님

켈리 최 회장님은 김승호 회장님의 『김밥 파는 CEO』 책을 읽고 그대로 미국으로 건너가 김승호 회장님께 김밥과 마인드를 배워 5년 만에 인생을 역전시키는 쾌거를 이뤘다. 지금 현재 김승호 회장님과 쌍벽을 이루는 사업가가 되어 가족과 세계여행 중이다.

사람은 무엇으로 사는가? 그것은 생각과 마음가짐이라고 생각한다. 돈이 없는 자가 가난한 자가 아니라 **생각이 가난한 자가 가난한 사람**이다. 스승님이 가장 두려워하는 자는 "꿈만 있는 자."라고 말씀하셨다. 나는 꿈만 있다! 그래서 나는 회사 옥상 벤치에 앉아 책을 쓰고 있다.

젊어서 고생을 사서 한 가수 조수빈

어제 나의 세 번째 책 『나는 책 쓰기로 월 천만 원 번다』가 출간되어 회사에 도착했다. 오전 5시에 출근해 일을 마치고 오후 1시에 책에 사인을 하고 은혜를 입은 은인들에게 택배로 책을 보냈다. **미다스북스 임종익 총괄본부장님, 이다경 편집장님, 송국헌 사장님, 배영환 사장님, 명상완 실장님**께도 보낼 수 있었다. 오늘은 4년 만에 명상완 실장님과 안부 통화도 했다. 항상 말로만 감사하다고 해서 죄송했는데 부족하지만 세 번째 책을 보내드릴 수 있어 너무 행복했다.

4년 전 스승님께 책 쓰기를 배우고 책을 출간한 뒤 손 놓고 있었다면 내게 아무런 일도 일어나지 않았을 것이다. 3권의 책을 출간하기 위해 5권의 책을 썼다. 2권은 출판계약이 되지 않았다. 하지만 책이 출판계약이 되지 않았다고 나의 책 쓰기 실력이 늘지 않는 것은 아니다. 책 쓰기 능력은 누가 훔쳐 갈 수 없다. 모든 것이 내 몸 안에 있기 때문이다.

내가 가수 조수빈을 좋아하는 이유가 있다. 조수빈은 10년 동안 무명 가수로 작은 소속사에서 10개가 넘는 곡을 피처링을 했으나 회사가 사라졌다. 하지만 가수 조수빈의 피처링 기획력은 사라지는 것이 아니다. TV 프로그램에서 2등을 해 3,000만 원의 상금을 받았을 때 그 누구보다 나는 기뻤다. 부산에서 서울로 상경해 안 해본 알바가 없다고 했다. 식당 웨딩홀 초밥집 야간업소 심지어 속옷가게에서 일을 했다.

잘될 수밖에 없는 가수 조수빈

그 많은 어려움 속에 다져진 내공으로 지금 가수 조수빈이 있는 것이다. 그 고통의 시간이 조수빈을 만들고 조수빈을 성공시키는 밑거름이 되었다. 그동안의 고생은 누구도 훔쳐 갈 수 없는 가수 조수빈의 보이지 않는 무형 재산이다.

사람들은 당장 눈앞에 보이는 것만 본다. 하지만 멀리 미래에 꿈이 있지만 현재에도 꿈이 살아 숨 쉰다는 것을 우리는 알아야 한다. 눈앞에 보이는 것이 전부가 아니다. 눈에 보이지 않는 것을 보는 안목을 가진 자가 진정한 고수다.

나도 누군가를 볼 때 '이렇게 하면 저 사람은 일어설 수 있겠구나.' 하는 감이 온다. 그것은 평범한 사람은 볼 수 없다. 눈에 보이지 않는 것을 보는 사람만이 진정한 고수이자 성공자가 된다.

16년 경력 캐디가 전하는 당신의 꿈을 이루게 하는 힘

당신의 인생에서 주변 사람들은 모두 조연이다. 그들은 주인공인 당신을 위해 존재한다. 나를 욕하는 사람이 있다면 "내 인생에서 꺼져 줄래?"라고 외쳐라!

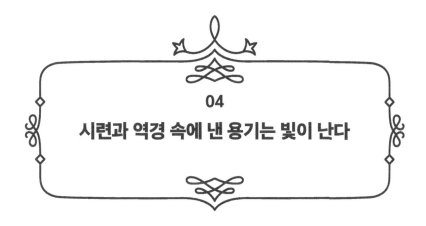

시련과 역경 속에 낸 용기는 빛이 난다

그리운 나의 부모님

부곡 컨트리에 입사해 처음에는 기숙사에서 생활을 했다. 경남 창녕은 시부모님이 살던 곳이다. 차로 10분 거리에 시댁이 있다. 딸 유나가 다섯 살까지 자란 곳이기도 하다. 그래서 더 마음이 든든하고 편안했다. 전남편을 미워하거나 증오하지는 않았다. 시부모님의 사랑이 그것을 희석하게 했다. 16년 동안 나와 유나를 지켜 주셨다고 생각한다.

차가 없어 자전거를 타고 출퇴근을 했다. 나는 하루 5분이라도 자기 계발할 시간이 필요한 사람이다. 하루라도 책을 읽지 않으면 조바심이 난다. 조바심이 날 만큼 강박증이 있다. 나의 꿈을 향해 나아가기 위해서는 나를 성장시킬 자양분인 독서와 책 쓰기를 할 나만의 공간이 필요했다. 그래서 16년 동안 기숙사 생활을 거부하고 회사와 30분 거리에 있는 권점이 엄마 집에서 월세 30만 원을 주고 세를 살았다. 엄마와 단둘이 16년을 함께 살았다. 딱 한 번 다른 방에 남자가 세를 살았다. 엄마와 나는 항상 두려웠다.

그 남자가 갑자기 돌변하면 어쩌지? 하는 두려움에 떨었다. 그래서 한 달만 세를 놓고 16년을 엄마와 단 둘이 살아서 평온했다. 엄마는 나를 위해 16년 동안 작은 방을 세를 놓지 않았다.

항상 나를 지켜 주는 가족 엄마 아버지

어느 날 새벽 4시 출근길에 회사 관리실 주차장 옆 도로를 지날 때쯤 잘 생긴 할아버지 한 분이 자전거를 타고 내 옆을 지나갔다. 또렷이 할아버지 얼굴을 들여다보았다. 가로등 불빛이지만 얼굴을 볼 수 있었다. "할아버지 새벽에 어디가세요?"라고 물었다. 할아버지가 말했다. "산소에 갑니다."라고 대답했다. 조금 뒤 저만치 할아버지와 자전거는 사라졌다. 16년이 지났지만 그때 일어난 일을 어떻게 설명해야 할까? 남들은 헛것을 봤다고 할 것이다. 하지만 나는 나를 지켜 주는 조상이었을 것이라고 생각한다. 돌아가신 엄마와 아버지도 내가 아무 사고가 없기를 곁에서 지켜 주셨다고 생각한다.

캐디 생활에 꼭 필요한 3가지

처음 캐디교육을 받으러 교육장에 갔을 때 나 혼자 하얀색 골프화를 신고 캐디교육을 받기 위해 앉아 있었다. 캐디는 꼭 캐디화를 실을 필요는 없다고 생각했다. 하루 10시간씩 걸어야 하기 때문에 다리와 발바닥과 무릎에 피로도가 심하다. 하루 일하고 끝낼 일이 아니라면 자신을 위해 골프화를 신을 것을 권장한다. 나는 이곳에 일하면서 3명 정도 골프화를 사서 신고 일을 하라고 배려해 주신 분들을 만나 즐겁게 일할 수 있었다. 캐디화는 5만 원대 가격이지만 골프화는 10만 원에서 20만 원대의 가격이다. 10년 이상 근무할 마음이 있다면 자신을 위해 골프화를 신고 일할 것을 권한다. 발의 피로도가 한결 덜하다.

한 가지 더 준비할 것은 눈의 피로와 시력 보호를 위해 자신에게 맞는 고글을 준비하는 것이 좋다. 조금 불편하더라도 볼이 훨씬 더 잘 보이고 자신의 눈을 보호할 수 있는 장치가 필요하다. 조금 비싼 가격이어도 자신을 위한 것이니만큼 과감히 투자하기를 권한다. 캐디 생활을 하면서 준비해야 할 것들이 많다. 모두가 고객을 위한 준비물이다. 하지만 내가 건강해야 고객 서비스도 잘할 수 있다. 첫째는 나의 건강과 안전에 중점을 두고 두 번째가 고객 서비스에 만전을 기하기 바란다.

시간은 돈보다 백 배 귀하다

16년 동안 월세 5,400만 원은 아깝지 않았다. 쓸데없는 말로 시간을 낭비하지 않아 더 가치가 있었다. 나는 돈보다 나만의 공간이 필요했고 나만의 성장시간이 필요했다. 그래서 나는 더 높이 뛰어오를 용기가 났다. 시간의 가치는 돈보다 귀하다. 권점이 엄마는 현재 70세다. 40세에 남편을 잃고 딸과 아들을 혼자의 힘으로 키워 결혼시켰다. 설날 추석 명절이 되면 가족들이 이곳에 모여 가지고 온 돼지고기와 여러 종류의 해물과 조개를 구워 먹으며 행복한 시간을 보내는 것을 보고 부럽기도 했다.

또 다른 나의 엄마 권점이

권점이 엄마는 집을 아름답게 가꾸는 사람이었다. 요리도 잘해서 팥죽도 매년 얻어먹었고 김장 김치도 매년 받아먹기만 했다. 배추, 파, 가지, 고추, 블루베리를 철마다 키워 먹었다. 얼굴도 아름다운 사람이다. 남부러울 것이 없지만 혼자 외로움을 이겨내며 살아간다. 절에 오랫동안 봉사하며 살았다. 의지하며 살았던 스님이 갑자기 돌아가셔서 둘이 부둥켜안고 엉엉 울었다. 창근이 세상을 떠났을 때와 맞물렸다. 누구보다 창근을 많이 봤고 누구보다 술에 취한 창근을 이해해주었다. 새벽마다 고함을 지르며 마을을 떠들썩하게 해도 참고 또 참아주었다. 엄마와 나는 같은 시기에 세상에서 가장 소중한 친구이자 인생의 동반자를 잃었다. 왼쪽 다리를 다쳐 깁스를 한 것도 똑같은 시기에 엄마와 나는 같다. 우리는 여러모로 닮아 있었다. 삶도 아픔도 그래서 나는 엄마의 딸이다.

세 번째 책이 출간되어 김현 님과 최이정 님에게 문자가 왔다. 김현 님은 내게 많은 응원을 해 주었고 오늘 하루 동안 책 한 권을 다 읽었다고 했다.

최이정 님은 책이 나온 지 한 달 밖에 되지 않았는데 벌써 두 번째 원고를 오늘 완성했다. 3번의 수정작업을 마치면 미다스북스 출판사에 투고하면 된다. 최이정 님은 올해 나를 만나 작가가 되었다. 자신의 노력으로 외국에서 화가를 만나 그림을 그리는 기법을 터득하게 되었다. 인생을 완전히 바꿔 그림을 판매하는 사람이 되었다. 뭐든 마음만 먹으면 할 수 있는 무한능력을 가진 능력자가 되었다. 엄청난 파워를 가진 사람이라는 것을 더 절실히 알게 되었다.

'꿈밖에 없는 사람을 당할 자는 없다. 그것보다 무서운 사람은 없다.' 오직 꿈만 바라보고 돌진하며 살아가기 때문이다. 나도 꿈밖에 없는 사람으로 나의 꿈을 향해 돌진하는 사람이다. 사람은 누구나 **자신만의 무기가 있**다. 그것이 아주 사소한 것일지라도 끊임없이 노력하는 사람을 이길 수 없다. 그 사람이 최강자가 된다. 노애정, 문주용, 최이정, 김태환님이 그러했다. 그들은 꿈밖에 없는 사람들로 **꿈을 향해 질주하는 사람들**이다. 무서운 불도저의 정신을 가진 사람들이다.

67년 만에 외출 호주 시드니 4박 5일 5자매 여행

문은주 나이 67세가 되어 자매 5명 카톡방에 호주 시드니로 여행을 가자고 제안했다. 언니 인생도 파란만장하지만 5자매 문은주, 문하성, 문수빈,

문은숙, 문정빈은 나름대로 다이나믹한 인생을 살고 있다. 가장 롤러코스터 인생은 단연 문수빈이다. 소설 속에나 나올 법한 인생을 살고 있다. 물가에 내놓은 나를 걱정하며 연기자와 모델에 도전한 나에게 언니가 전화를 했다. "수빈아! 연기자는 뭐고? 모델은 뭐고? 지금 너 나이가 몇 갠데 엉뚱한 소리고?" 언니는 평생을 징검다리를 열 번은 두들겨보고 건너온 인생을 산 사람이라 나처럼 무턱대고 밀어붙이는 삶을 단 한 번도 살지 않았다. 그래서 나를 이해하지 못한다. 내 동생 문은숙도 나를 별종이라 생각한다. 그냥 돈 벌어서 노후대책이나 하는 게 상책인 사람들이다.

큰맘 먹고 부자 언니 문하성과 동생 문정빈이 큰언니 은숙과 나의 여행 경비를 부담하고 여행사를 통해 호주 가는 비행기표를 끊었다. 진해시 태백동 10번지 우리 친정집이 재개발되어 들어온 1억 원 중 배당받은 천만 원을 5자매를 위해 과감히 쓴 것이다. 아무것도 준비하지 말고 몸만 오라고 해서 몸만 따라갔다. 중국에서 13년 만에 한국으로 돌아온 은숙이가 3억 원의 땅 빚을 다 청산하고 서울 아파트에 입성했다. 그것만으로도 출세한 셈이다. 조카 양지훈이 연세대 화학과 2학년에 재학 중이라 어깨에 뽕이 있는 대로 올라가 있다. 학점은 4.0이다. 시드니 여행을 간다고 얼굴에 보톡스까지 맞았다. 남편인 양 서방의 한 달 급여가 800만 원에 육박한다. 베트남에서 혼자 생고생 중이다.

은숙이 집에 가서 같이 자고 인천공항으로 가면 되는데 김포공항에서 은숙이 집까지 왕복 택시비가 15만 원이 넘었다. 그래서 차라리 그 돈으로 선물을 사주는 게 낫겠다 생각했다. 인천공항 로비에서 하룻밤을 잤다. 하루 전날 송국헌 감사님을 찾아뵐 생각이었는데 막상 뵙지 못했다. 내일 오후 5시까지 시간이 많이 남아 자매들에게 줄 카드를 샀다. 그동안 못다 한 이야기와 감사 편지를 하나씩 썼다. 유나에게도 나에게도 편지를 썼다. 호주에서 머그잔을 사서 선물을 줄 계획이다. 한책협에서 6주 차 책 쓰기와 1인 창업 수업을 받을 때마다 15만 원이 넘는 호텔비가 아까워 김포공항 분당 지하철역 안 인천공항 내 휴게실에서 잠을 잤다. 그 돈이 너무 아까웠다. 비를 맞으며 밤을 보낸 적도 있다. 혹한에 벌벌 떨면서 밤을 지새운 적도 많다. 강도나 지나가는 남자가 무서워 잠을 설치지는 않았다. 혹독한 추위와 싸워야 했다. 4박 5일 동안 자존감은 바닥이었다. 잘살고 있는 자매들이 부러웠다. 특히 전원주택을 사서 형부와 배추, 상추, 풋고추를 키우고 있는 문하성 언니가 제일 부러웠다. 남편이 있는 자매가 부럽다.

비싼 머그잔을 샀다고 큰언니와 은숙이가 여행 가이드 앞에서 10분간 핀잔을 주었다. 밤마다 맛있는 안주와 와인을 마시며 여행의 회포를 풀었다. 막내 정빈이는 가족들에게 와인 한 병씩 선물했다. 하성이 언니는 프로폴리스를 줬다. 큰언니는 9만 원짜리 화장품을 가족들에게 선물했다. 나는 조카 상은이에게 목욕할 때 쓰는 솔트를 선물했다. 자매들에게 예쁜 파란 물고기가 그려진 머그잔을 "짠! 기대하시라!"를 외치며 하나씩 나눠졌다.

4박 5일 동안 오페라하우스와 동물원을 구경했다. 유람선을 타고 바다 한가운데에서 돌고래들을 만났다. 바다 위에서 우아하게 식사를 했다. 음식들은 감자를 빼고 다 짠 음식들이었다. 내 입에는 맞지 않았다. 마지막으로 블루마운틴에 올라가 케이블카를 타고 산 정상을 내려다보았다. 산 정상을 정복하는 사람도 있었다. 사진을 찍어 내 블로그에 올려놓았다. 호주는 넓고 아름다웠지만 황량하다는 인상을 남겼다. 복지는 최고인 나라였다. 8남매 가족들이 건강해서 눈물이 났다. 가족들이 건강해 내가 이런 호사를 누린다.

16년 경력 캐디가 전하는 당신의 꿈을 이루게 하는 힘

더 이상 가난과 타협하지 마라. 어둡고 절망적인 환경에서 등을 돌려라.

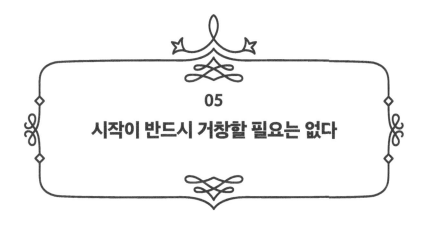

05
시작이 반드시 거창할 필요는 없다

만남에도 때가 있고 헤어짐에도 때가 있다

세 번째 책을 들고 3월 한 달 동안 20번도 넘게 사장님 실 앞까지 갔다가 다시 되돌아오곤 했다. 이곳을 떠나기 싫어서 이곳에 일하는 것이 좋아서 이일이 좋아서 포기할 수가 없었다. 부곡 컨트리에서 70세까지 근무하고 싶었다. 그래서 캐디로 한국의 장수 근무자가 되리라 결심했다. 고객님들이 일을 마치고 고객님들의 백을 차에 실고 있는 나를 보고 "아직도 문수빈 씨 일해요?"라고 묻는 사람도 있었다. 그때는 웃으면서 이렇게 말했다.

"70세 꼬부랑 할머니가 될 때까지 일할 겁니다!"라고 대답했다.

사장님이 퇴사를 원하고 내 나이 59세가 되었으니 당연히 회사를 나가는 것이 맞다. 하지만 끝까지 이곳에 남고 싶었다. 이곳을 떠나면 죽는다고 생각했다.

새벽마다 일어나 스승님의 책『기적 수업』을 읽으면서도 직장이라는 인간이 만든 노예 틀에서 벗어나라는 말씀을 따르지 않았다. 나는 일하면 한 달에 400만 원을 번다. 그 말이 귀에 들리지 않았고 그 유혹을 뿌리칠 수 없었다. 하지만 스승님은 "내 몸으로 일하는 것 말고 내 지혜와 내 경험을 사람들에게 알려주고 팔아라."고 가르쳤다. 메신저가 되라고 하셨다. 스승님을 만나고 4년 만에 그 말씀대로 살게 되리라 생각했다.

간절히 바라면 이루어진다

일하는 도중 수백 번 사장님을 찾아가서 이렇게 말하고 싶었다.

"더 일하게 해 주세요! 돈 벌어 세계여행하며 살게 해주세요!"라고 간청하고 싶었다.

어떤 날은 일이 되지 않는 날에도 사장님을 뵐 생각으로 정장을 입고 회사에 출근을 했다. 아침 9시에 출근해서 사장님이 업무를 보시고 조금 여유가 있을 오전 10시 30분에 사장님실에 올라가면 사장님 차가 보이지 않거나 휴가인 경우가 많았다. 3월 한 달 동안 그렇게 초조하게 애태우며 시간을 보냈다.

인생에서 후회를 남기는 일이 가장 어리석다

오늘도 일을 마치고 사장님을 뵈러 가야 한다는 강박감에 밥도 먹지 않고 오후 2시까지 시간을 보내고 기다렸다. 회사 동생 영은에게 '이제는 포기했다'고 문자를 보냈다. 포기를 하니 마음이 편했다. 점심을 먹고 있는데 식당에서 일하는 언니가 내게 말했다.

"수빈아! 이왕 그만두는 거 사장님한테 말이나 한번 해 보고 그만둬라! 허락 안 하면 퇴사하면 되지. 괜히 후회할 일 남기지 마라."라고 조언했다.

나처럼 비쩍 마른 언니가 나에게 말해주었다. 연약한 몸으로 120팀의 고객님들이 드실 요리를 하는 언니가 대단해 보여 항상 존경한다고 말해주었다. 나는 요리를 할 줄 몰라 요리 잘하는 사람과 영어 잘하는 사람을 제일 존경한다. 그래서 셰프님들에게 아낌없는 찬사를 보낸다.

내 인생 두 번째 대운 은인 배영환 사장님

사장님이 거절하자 16년 동안 5억 원을 벌게 기회를 주신 배영환 사장님께 감사의 악수를 청했다. 이 악수는 사장님에 대한 존경하는 마음과 단돈만 원이 없었던 16년 전의 찌질이의 인생을 바꿔주신 은혜에 대한 고마움의 표시였다. 항상 은혜에 감사함에 부족함이 많았다.

"배영환 사장님! 인생을 바꿔주셔서 감사드립니다!"라고 말했다.

이곳 대구 밑에 있는 컨트리에 입사해 두 달째 일하고 있다. 40일을 일해 4월 달 10일 동안 225만 원을 벌었고 5월 한 달 동안 400만 원을 벌었다. 지금은 왼쪽 발목을 다쳐 깁스를 해 한 달 병가를 신청했다. 사람은 자신이 **간절히 원하면 길이 열리고 살 방법이 열린다.** 나는 39년 직장생활을 통해 그것을 직접 체험한 사람이다.

사람은 살면서 내 인생을 바꿔줄 은인을 만나게 된다

사람은 살면서 인생을 바꿔줄 은인들을 만나게 된다. 나는 진해 조선소, 지금은 돌아가신 최창무 사장님, 경남은행 송국헌 감사님, 부곡 컨트리 배영환 사장님, 한책협 김태광 대표님, 미다스북스 임종익 총괄본부장님, 이다경 편집장님, 명상완 실장님을 만나 문수빈의 인생이 바뀌었다. 60 평생을 살면서 운명을 바꿀 은인을 단 한 사람이라도 만난다는 것은 어렵다. 7 명의 **멘토를 만난다는 것은 천운이다.** 보잘것없는 내 인생을 역전시켜주신 분들이다.

내 지식만으로도 살아갈 수 있는 삶이 펼쳐졌다. 내 능력만으로 세상을 살아갈 수 있게 되었다. 스승님의 가르침대로 내 지혜가 필요한 사람들의 의식을 바꾸고 인생을 바꾸는 기적 수업을 할 수 있게 됐다. 나는 책 쓰기 6주 과정 수업을 받기 위해 서울 한책협 스승님을 만나기 위해 양산에서 출발해 김해공항에서 비행기를 타기 전 비행장 부스를 걸어가면서 심장이 터질 것 같은 가슴 떨림을 많이 경험했다. 내가 아닌 또 다른 나로 살아가는 순간 그 떨림은 영원히 나만 간직할 수 있다. 그것은 경험하지 않으면 알 수 없는 감정이다. 내 인생을 송두리째 바꾸는 일만큼 역동적이고 심장 터지는 일이 또 있을까?

내 인생의 첫 번째 대운 경남은행 15년

나는 마산여상 야간고등학교를 졸업하고 은행에 입사했을 때 그때 이런 기분을 처음 느꼈다. 합격의 전화를 받고 감격의 환호성을 지르고 싶었지만 최창무 사장님께 죄스러운 마음에 그냥 눈물만 흘렸다. 은행 연수를 받을 때의 그 감격은 잊을 수가 없다. 길거리에서 고객님들에게 인사를 하는 미션이 있었다. 나는 급사로 3년 직장생활을 했기에 누구보다 큰소리로 지나가는 고객님들에게 인사를 했다.

"안녕하십니까? 신입생 문수빈입니다!" 보물찾기 미션을 할 때에도 누구보다 열정적이었다. 3년 동안 1시간 거리를 탑 산을 넘어 진해 조선소까지 출근을 했기에 등산에서도 두각을 나타냈다. 은행을 다닐 때 산악회에서 안 가본 산이 없다. 가지산, 월악산, 대둔산 한국의 유명한 산은 다 가보았다. 지리산 정상까지는 3번 완주했다.

나와 딸의 꿈 미국 유학

두 번째는 유나를 미국 유학을 보냈을 때 이런 감정을 느꼈다. 미국은 나의 로망이자 환상 속의 꿈이다. 그것을 유나가 해냈다. 미국에 있는 유나와 카톡 영상통화를 하며 엄청난 희열을 느꼈다. 나는 내 딸 유나로 인해 꿈을 이룬 사람이다. 미국에 가는 것이 나의 고등학교 졸업 후 꿈이었다. 경남은행을 합격하지 않았다면 보따리 싸서 미국에 가서 청소부가 되어 새로운 인생을 시작했을 것이다.

나의 책 『나의 행복을 절대 남에게 맡기지 마라』가 출간되었을 때 1주일 동안 매일 잠을 못 자고 기뻐서 울었다. 그래도 나는 참 행복한 사람이라는 생각이 든다. 59세의 나이에 이렇게 많은 것들을 이루고 건강하게 돈을 벌고 있다. 항상 도전할 수 있는 직장이 있고 새로운 세상이 나를 반긴다.

돈이 많다고 부자는 아니다

돈이 많다고 부자가 아니다. 꿈이 있어 많은 도전을 하고 자신의 성장을 위해 몰두하며 살아가는 것이 진짜 부자다. **진정 행복한 삶**이라고 생각한다. 오늘 아침 일을 나가기 전 켈리최 회장님의 『100일 아침 습관의 기적』

책을 읽으며 이런 생각이 문득 들었다. 나의 삶의 모토는 '도전'이다. 그래서 '내가 항상 활기차고 열정적이고 에너지가 넘쳤구나!' 하는 것을 알게 되었다.

캐디가 되기 위해 뭔가 대단한 것이 필요한 것은 아니다. 시작이 반드시 거창할 필요도 없다. 건강한 정신과 건강한 몸만 있으면 누구나 꿈을 향해 70세까지 달려갈 수 있다. 마음만 먹으면 65세까지 캐디라는 전문직에 도전할 수 있다. 내가 이루고자 하는 목표가 있을 것이다. 회사 동생들의 목표를 보면 주로 엄마 아버지의 병원비 자식들의 교육비를 벌기 위해 일하는 경우가 대부분이다. 휴가를 거의 병문안을 하기 위해 사용하는 동생들이 많다.

가진 것이 없다면 자기 계발 만이 살길이다

손영애 동생은 친구가 캐디여서 캐디에 입문하게 되었다. 캐디를 그만두게 되면 하고 싶은 일이 노인복지사다. 항상 회사에서 쉬는 시간에 영어 공부를 한다. 캐디를 하면서 야간 전문대학을 졸업해 노인복지사가 되었다. 2년 동안 학원비를 일시불로 내고 필라테스를 배우고 있다. 일을 마치고 집에 가면 하루 3시간 정도 영어 공부를 하고 있다. 정말 열심히 사는 동생이다. 지금은 내가 근무하고 있는 골프장 옆에 근무하고 있다.

배윤이는 16년 동안 매일 두 번 일하는 투 타임을 해서 번 돈 5억 원을 아버지 암 치료비로 사용했다. 남동생의 조카를 초등학생 때부터 대학생이 될 때까지 뒷바라지를 하며 딸처럼 키웠다. 중학교 때 조카를 베트남 어학연수를 보내기 위해 추운 12월 한 달 동안 30일을 꼬박 두 번 일하는 투 타임을 했다. 조카는 영화 보는 것이 취미다. 혼자 영화관에 가서 며칠 동안 똑같은 영화를 여러 번 보고 오기도 했다. 감성이 남다른 아이였다. 대학생이 되어 남자친구도 생기고 젊음을 누리고 있다.

나와 함께 꿈을 이룬 사람들

박해경 동생은 중국에서 왔다. 16년 동안 이곳에서 매일 두 번 일하는 투 타임을 했다. 김해에 3억 원짜리 아파트를 샀다. 차도 비싼 차만 타고 다닌다. 매일 지치지 않고 열정적으로 살아가는 동생이 부럽기도 하다. 비가 와도 매일 두 번 일하는 배윤이와 박해경을 응원한다.

가연이는 창원지점에서 10년 동안 매일 두 번 일하는 투 타임을 했다. 이곳에 와서도 매일 지칠 줄 모르고 매일 투 타임을 한다. 가연이는 매년 번 돈으로 세계여행을 하고 있다. 몸에 영문으로 문신을 한 모습이 인상적이다. 무엇을 의미하는지는 물어보지 않았다. 이곳에 와서 5년 동안 지치지 않고 열정적으로 살아가는 동생이 부럽다.

우리는 모두 우리만의 꿈이 있다. 나는 책 쓰기로 사람들의 인생을 바꿔주는 일을 하고 그들이 심장 뛰는 삶을 살도록 독려하고 있다. 켈리 최 회장님은 지금 남편과 딸의 수업을 책임지는 교사와 요트를 타고 세계여행을 하고 있다. 유튜브를 통해 전 세계 곳곳에 있는 사람들의 의식개혁과 삶을 바꿔주는 일을 하고 있다.

우리는 모두 서로 삶을 바꿔주는 멘토로 살아가고 있다. 사람은 혼자서 성공할 수 없고 성장할 수 없듯이 서로 윈윈하며 새로운 삶을 창조해 나가고 있다. 우리는 하루하루 조금씩 나은 모습으로 또 다른 나로 알에서 깨어나오고 있다. 우리는 모두 위대한 존재들이다.

> **16년 경력 캐디가 전하는 당신의 꿈을 이루게 하는 힘**
>
> 지금 당장 현실이 힘들더라도 자신을 믿고 꿈을 이루기 위해 노력한다면 희망은 당신의 편이다.

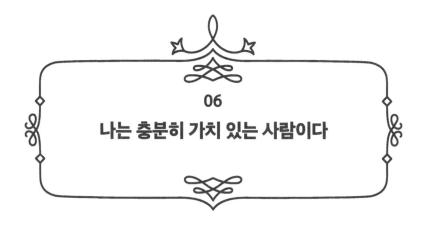

06
나는 충분히 가치 있는 사람이다

떠날 때를 아는 사람은 아름답다

퇴사를 확실하게 못 박고부터 내 마음이 오히려 홀가분해졌다. 이곳에서 좀 더 일하고 싶어 미련을 버리지 못할 때에는 썩은 동아줄이라도 잡고 싶었다. 매일 일하던 이곳이 좋고 익숙한 사람들이 좋았다. 그래서 변화가 싫었는지도 모른다. 옮겨야 하는 짐들 새로운 사람들과의 만남이 두려웠는지 모른다.

30곳이 넘는 골프장에 전화를 돌려 "59세입니다. 캐디 모집합니까?"를 30번을 말해야 했다. 하지만 부끄러운 생각은 없었다. **이 일을 사랑하기 때문이다.** 그중에 나의 이력서를 보내달라고 한 곳은 3곳이었다. 전라도 고창CC는 이력서만 보고 언제든지 일을 하러 오라고 했다. 그곳까지는 양산에서 왕복 8시간이 걸린다. 김포 포도 CC 마스터님이 전화가 와서 양산에서 왕복 4시간 거리를 달려 면접을 보고 왔다. 면접은 잘 본 것 같았지만 연락은 오지 않았다. 어제 전화 온 골프장에 오늘 오후 3시에 면접을 보러 가겠다고 했다.

오전 8시에 일어나 준비를 하고 오전 10시에 출발을 했다. 양산에서 바로 대구로 가도 되는데 내가 주로 갔던 곳이 부곡이라 내비게이션이 부곡으로 안내해 주었다. 오전 10시에 출발해 부곡에 도착해서 신년에 신수를 봤던 80세 할머니 절에 가서 "오늘 면접을 보는 일과 올해 결혼을 하는지?"를 물어봤다.

나의 로망 미국이라는 환상을 깨라

올해 7월과 10월에 내 인연이 나타나니 만나보라고 했다. 4월 27일에 미국에서 30년을 사신 고모님이 한국에 들어온다고 말했다. 그날 나도 고모님을 만나보기로 했지만 감감무소식이다. 방금 전화를 해보았다. 한국에 들어왔지만 바빠서 미국으로 바로 돌아갔다고 했다. 처음부터 만나게 해줄 마음이 없었다.

"어떻게 미국을 가게 되었는지? 미국 생활은 어떠한지?" 물어보고 싶었다. 80세 엄마는 2년전에 갑자기 할머니 신이 찾아와서 많은 돈을 벌게 되었다고 했다. 그래서 이곳 부곡에 2층 주택을 사서 이사 오게 되었다. 아들은 경상대학교에서 1학년 1학기 수업만 받고 군대에 입대해 복무를 마치고 바로 미국으로 떠났다고 했다. 지금은 47세가 되어 한국에 돌아와 창원에서 통닭집을 하고 있다. 미국에서 살다 온 사람은 내겐 로망이다. 대단해 보인다.

내가 원하는 미국에 관한 정보를 언제든 물어볼 수 있게 되었다. 그 가치는 **돈으로 환산할 수 없는 가치**다. 모든 것은 연결되어 있어 내가 원하면 끌어당기게 된다. 오늘도 그냥 부곡을 지나칠 수도 있었다. 하지만 면접 시간이 두 시간이나 남아 잠시 엄마를 만나고 싶었다. 올해 1월에 본 신수와 똑같은 말씀을 하셨지만 재차 확인할 수 있어 좋았다. 나는 내 미래가 궁금해 23세부터 지금까지 철학관과 보살님께 100번을 물어봤다.

철학관과 점쟁이에게 내 삶을 의존하면 안 되는데 자꾸 물어보게 된다. "이제는 정말 마지막이다."라고 마음을 먹어도 내 인생이 궁금한 것은 어쩔 수가 없다.

캐디로 5억 벌어 당신의 꿈을 펼쳐라

캐디라는 직업을 선택하고 나는 많은 꿈을 이루었다. 딸의 대학 공부를 시켰고 딸과 여러 나라를 여행했다. 수천만 원의 수업료를 지불하고 내가 하고 싶었던 나의 책을 미다스북스를 통해 출간하고 책 쓰기 코치와 1인 창업 코치로 살아가고 있다.

부곡 컨트리에서 캐디로 연 7,000만 원을 버는 사람은 3명 정도 된다. 나는 재작년에 4,600만 원을 벌어 세무사를 통해 세무서에 신고하여 50만 원 세금을 냈고 작년에 연 4,800만 원을 세무사를 통해 신고했다. 59세 나이에도 4,800만 원을 벌 수 있는 직업이 캐디다. 10년만 돈을 벌기 위해 노력한다면 건강하기만 하면 누구나 캐디로 많은 돈을 벌 수 있다. 5억 원이라는 돈이 결코 작은 돈은 아니다. 16년 캐디로 일해 5억 원을 벌어 당신의 꿈을 펼치길 바란다. 비쩍 마르고 고등학교 졸업할 때까지 김치와 밥만 먹고 고기 한번 먹어 본 적이 없는 내가 해냈다면 누구나 할 수 있는 일이다.

남에게 보여지는 시선, 남에게 비쳐지는 인식이 두려워 캐디라는 직업을 선택하지 않는 어리석은 판단은 하지 말기를 바란다.

내 인생 3번째 대운이 열리다

30곳 골프장에 전화를 돌린 작은 노력으로 이곳 프론트 직원이 경기과 마스터님께 내 전화번호를 전달해주어 마지막으로 면접을 보는 신입생이 되었다. 남자 마스터님은 이제 에어컨 청소 사업을 시작했다고 한다. 내 인생에 세계여행을 할 수 있는 기회를 주신 분이다. 돈을 벌어 세계 여러 나라를 여행할 것이다. 나의 책 『나는 책 쓰기로 월 천만 원 번다』를 사인해 선물을 드리고 감사의 악수를 청했다. **내 인생 3번째 대운을** 열어준 사람이다. 이곳에서 65세까지 6년을 더 일할 수 있게 되었다. 앞으로 캐디로 1억 8천만 원을 더 벌 수 있게 되었다. 하늘에 감사할 따름이다. 30곳 중에 이곳이 나의 운명을 바꾸어 주게 되었다. 작은 노력은 매번 나에게 엄청난 기회를 안겨주었다.

나도 6년을 이곳에서 아무 탈 없이 일할 수 있다는 것이 행복하다. 연 4,000만 원을 벌며 살 수 있다는 것이 행운이 아니고 무엇이겠는가? 캐디로 연 4,000만 원을 버는 사람이 되었다. 그리고 세계여행을 다닐 수 있다. 캐디는 건강이 경쟁력이다. 건강하면 내가 노력하는 만큼 돈을 벌 수 있다. 아무 생각하지 말고 내 꿈을 향해 돌진해 나아가라! 나는 충분히 가치 있는 사람이다.

작은 노력은 매번 나에게 엄청난 기회를 안겨준다

부곡 컨트리를 떠나기 전에는 많이 두려웠다. 캐나다를 10일 동안 혼자 여행을 갔을 때에도 많이 두려웠다. 소매치기를 당할까 봐 가방을 가슴에 안고 쇼핑을 했었다. 이곳을 떠나기 전에 더 가슴을 졸였다. 하지만 이제 막상 짐을 다 꾸리고 사장님과 상사에게 마지막 인사를 드리고 나니 마음이 평안해졌다. 3월 한 달 동안 얼마나 가슴이 요동쳤는지 모른다. 죄인처럼 고개를 푹 숙이고 부탁을 하는 내 모습이 얼마나 측은했는지 모른다. 이제는 그 모든 것이 지나갔다. 나의 마음의 고통도 지나갔다. 다시 이곳 골프장에서 일할 수 있다는 것이 얼마나 즐겁고 행복한 일인가? 다시 돈을 벌 수 있다는 것이 얼마나 큰 행운인가? 나에게 기적이 또 일어났다.

내 삶의 엄청난 지각 변동

4월 20일 다시 새로운 직장에서 일을 시작했다. 내 삶에 엄청난 변화가 생기고 새로운 사람들을 만나게 되었다. 내 인생도 새롭게 변모해 나갈 것이다. 처음 캐디가 되어 일을 할 때에는 야마 카트에 4개의 백을 싣고 나만 카트를 타고 이동을 했다. 고객님들은 18홀을 걸어서 라운딩을 하셨다. 30년 전 초창기 때에는 강 언니와 완숙 언니 정희는 18홀을 고객님의 클럽을 어깨에 메고 5시간씩 10시간씩 힘겨운 라운딩을 했다. 마음이 따뜻한 고객님을 만나면 클럽을 서너개씩 직접 가져가서 라운딩을 해주셨다고 했다. 백 속에 들어 있는 골프공을 다 끄집어내 다른 주머니에 넣어 무게를 분산해서 18홀을 돌았다고 한다. 그렇게 원 백으로 힘들게 일한 사람들이 이곳에 10명 정도 아직까지 근무하고 있다. 캐디 경력 30년 차다.

신설 골프장은 깨끗한 아파트 기숙사를 제공하고 식사가 무료다. 1년에 두 번 캐디화를 제공하고 매일 볼 타올을 세탁해준다. 하지만 부곡 컨트리에 16년을 근무하면서 나는 단 한 번도 복지를 원하지 않았다. 일을 할 수만 있다면 천국이라고 생각했다. 아무것도 바라는 것도 없었다. 돈만 벌 수 있다면 그것으로 충분했다.

내 삶은 제대로 흘러가고 있는 것일까?

'내 삶은 제대로 흘러가고 있는 것일까? 책 쓰기 코치로 남은 인생을 살아가는 것이 맞는 것일까?' 하는 생각이 들기도 한다. 책을 쓰겠다는 사람은 있지만 천오백만 원의 수업료가 비싸 결심하는 사람은 그다지 많지 않다. 한 달에 한 사람을 만나면 행운이다. 책 쓰기 전화가 오면 수업을 하면 되고 또 캐디 일을 하면서 세계여행을 다녀도 된다. **나는 이제 자유의 몸이 되었**다. 돈도 벌면서 여행도 하고 나보다 더 행복한 사람은 세상에 없을 것이다. 내 인생에서 가장 행복한 순간이 돌아왔고 행복한 삶을 살아가고 있다.

행복이란 무엇일까?

행복이란 무엇일까? 돈이 많은 것이 행복일까? 아니다. 시간이 많고 돈도 벌면서 여행도 하고 내가 하고 싶은 일을 하면서 성취감을 느끼고 성장을 하는 **과정이 행복**이다. 행복은 남이 내게 안겨다주는 것이 아니다. 행복은 내 마음속에 있다. 행복은 감정으로 느끼는 것이지 돈으로 행복을 살 수는 없다. 내 마음이 행복해야 그것이 행복이다. 내 마음이 소용돌이 치면 행복은 온데간데없다. 잔잔한 마음의 평정 속에 행복이라는 작은 새싹들이 꼬물꼬물 밖으로 헤집고 나오는 것이 행복이다.

16년 경력 캐디가 전하는 당신의 꿈을 이루게 하는 힘

지금의 상황이 어려울수록 더욱 신념을 지켜라. 시련과 역경은 당신의 신념이 확고한지 테스트하기 위함이다.

3장

9번 실패해도
오뚝이처럼 일어나라

01
도전 정신으로 인생에 맞서라

많이 실패하고 많이 도전하라

　내 인생에서 가장 어려운 시기에 부곡 컨트리에 입사했다. 정규 홀이 무엇인지 퍼블릭이 무엇인지도 몰랐다. 어떤 곳이 일하기가 좋고 어떤 골프장이 좋은 곳인지 가릴 정신도 없었다. 단돈 만 원도 없었기 때문이다. 나는 사람들에게 많이 실패하고 많이 도전하라고 말한다. 왜냐하면 많이 실패해봐야 인생의 기회를 만날 수 있기 때문이다. 나는 주식투자 실패로 빈털터리가 되었다. 그리고 긴 방황 끝에 찾은 직업이 쌍용자동차 영업 3년과 상가 분양 영업 3년의 새로운 기회와 만날 수 있었다.

실패는 성공의 또 다른 얼굴이다

　주식투자로 실패하지 않았다면 나는 다른 직업을 가지지 못했을 것이다. 은행원으로 안주하며 변화 없는 단조로운 인생을 살았을 것이다. 한 번뿐인 인생을 한 가지 직업으로 살다가 가기에는 인생이 조금 아쉽게 느껴진다. 새로운 도전으로 깨지고 닳고 힘겨워하며 살아갈 때 자기 성장을 가져온다. 지금은 힘겨운 시간이 다 지나고 이렇게 책을 쓸 수 있지만 지금 어려운 현실에 당면하고 있다면 힘겨운 고통의 순간을 견뎌내기 어려울 것이다. 하지만 그 어려운 시간들이 있었기에 다른 세상과 만나게 된다.

100명이 넘는 직원들과 이곳 컨트리에서 16년을 지내본 결과 10명 정도만 16년 동안 이곳을 지키고 90명은 다른 골프장을 전전하며 살아가고 있다. 이곳에서 일하는 것이 가장 편해서 5번을 퇴사와 입사를 반복하는 직원도 여러 명 있었다. 이곳은 코스가 넓지 않고 고객님들이 5시간을 즐거운 마음으로 즐길 수 있는 적당한 거리와 높낮이 경사를 가지고 있다. 특히 그린은 변화무쌍한 라이와 속도로 인해 골퍼들의 애간장을 녹이기도 한다.

또 다른 도전 강사의 길

이곳에서 일하면서 내가 목표한 것은 딸에게 대학 공부를 시키는 것이었다. 딸의 공부가 끝나자 나는 강사로 변신하고 싶었다. 그래서 한 달을 휴가를 내어 강사 자격증 4개를 취득해 강사의 길을 걷고자 노력했다.

캐디로 일을 하는 방법은 이곳에 입사해 한 달 정도 교육을 받고 번호를 받아 차례대로 일을 한다. 체력이 되는 사람은 하루에 두 번 일하는 투 타임을 해도 되고 체력이 되지 않거나 여가를 즐기고 싶은 사람은 다른 사람에게 일을 넘겨도 되는 시스템을 가지고 있다. 돈을 목표로 하는 사람은 일을 하지 않는 사람들의 일을 받아 일을 하면 된다. 돈을 벌기 위해서는 뚜렷한 목표와 기간 금액이 확고해야 한다. 그래야 그 목표를 향해 옆 눈을 팔지 않고 달릴 수 있다.

부곡 컨트리 16년의 질긴 인연

2024년 3월 31일 부곡 컨트리를 16년 만에 퇴사하게 되었다. 퇴사하고 나니 가슴이 후련했다. 16년의 질긴 인연 나도 부곡 컨트리에 미련을 두지 않았다. 퇴사 사유는 나이가 많아서였다. 1년 전부터 상사는 나를 불러 퇴사를 종용했다. 상사 앞에서는 알겠다고 말을 하고 배영환 사장님을 찾아가 아저씨가 중환자실에 계셔서 한 달 병원비가 300만 원이 드니 6개월만 더 다니게 해달라고 부탁을 했다. 6개월이 지난 뒤 3개월만 더 일하게 해달라고 또 부탁을 해서 일하고 있는 중이다.

잠시 고개를 숙였다고 진 건 아니다

3개월이 지난 뒤 상사가 나를 불러 이렇게 말했다.

"빚이 없는 사람이 있습니까? 나는 5천만 원인데 수빈씨는 빚이 5천만 원이 됩니까?"라고 물었다.

"당신이 그만두나? 내가 그만두나? 한번 해볼까요? 신용불량자 안 되면 어쩔 겁니까?"라고 윽박질렀다. 나는 큰 죄를 지은 사람마냥 죄인처럼 30분 동안 상사 앞에서 고개를 푹 숙이고 있었다. 나는 속으로 생각했다.

'나는 돈을 벌어야 산다. 이곳을 나가면 일할 곳도 없다.'라고 생각하고 30일 동안 매일 가슴 졸이며 사장님실 근처를 9홀을 돌고 나면 찾아가 '말해야지 말해야 해! 제발 말하자!'라며 나를 다그치고 또 다그쳤다. 하지만 끝내 말을 못하고 돌아서기 일쑤였다.

창근이 심정지가 일어나고 산소호흡기만 끼고 숨만 쉬고 있을 때 회사 일을 마치면 부산 백병원 주차장에서 창근이 입원하고 있는 중환자실 가까이에 있어 주었다. 그도 내가 가까이에 있기를 바랄 것이다. 아침에 눈을 뜨면 미친 듯이 출근을 했다. 계속 3일 정도 시간이 촉박하게 눈을 떴다. 그래서 골프장에 고객님의 차를 주차하는 주차장 뒤쪽에 차를 주차했다. 상사가 내게 물었다.

"차를 왜 그곳에 계속 주차합니까?"

"죄송합니다. 늦잠을 자서 지각할까 봐 그곳에 주차했습니다."라고 대답했다.

"문수빈씨! 회사에서 잠을 잡니까?"라고 물었다.

"아닙니다. 잠시 피곤해서 당번실에 누워 있었습니다."라고 말했다.

다른 직원은 당번실에 누워 있어도 아무런 말도 하지 않지만 내가 잠시 쉬려고 누워 있으면 "CCTV를 확인해 보겠습니다."라고 말했다. 다른 직원들에게는 관대했지만 나에겐 관대하지 않았다.

사장님 실로 찾아가 용기를 내어 "사장님! 3개월만 더 일하게 해 주십시오!"라고 말했다. 하지만 사장님은 더 이상은 절대 안 된다고 단호하게 말했다. 나도 더 이상은 매달리고 싶지 않았다. 정 안되면 전라도 고창CC로 가서 일하면 된다고 나를 위로했다. 퇴사하고 나니 가슴이 후련했다.

16년의 인연 그리고 이별

나도 부곡 컨트리에 미련을 두지 않았다. 세 번째 책『나는 책 쓰기로 월 천만 원 번다』에 사인을 해서 사장님께 선물해 드리고 기쁜 마음으로 퇴사했다. 김영판 이사님, 고규수 부장님께 책을 선물하고 16년의 질기고 질긴 인연을 단칼에 잘라냈다.

회사를 퇴사하고 10일 동안 설사 복통 목감기로 3일 동안 병원에 링거를 맞고 살았다.

직장도 이별이라고 마음의 고통이 심했다. 회사에 대한 미련 때문일까? 부곡 컨트리에 정을 떼기가 코로나의 고통보다 더 심했다. 10일간 끙끙거리며 겨우 마음을 다잡았다. 나는 5일 전 대구 밑에 있는 퍼블릭 9홀 골프장에 취업을 했다. 면접을 본 후 일을 시작했다.

나는 '도전'을 내 인생 모토로 삼고 살아가는 사람이다. 고민 마샬님의 하루 동반 교육을 마치고 다음 날부터 5일 동안 매일 투 타임을 하며 즐거운 비명을 질렀다. 일한다는 것이 얼마나 즐거운지 눈물이 났다. 매일 매일이 행복했다. 하루 2시간을 자고 새벽 6시에 일어나 일을 해도 하나도 피곤하지 않았다. 살아 있는 것에 감사했다. 다시 일할 수 있다는 것에 감사했다. 돈을 벌어 세계여행을 할 수 있다는 생각에 심장이 터질 것만 같았다. '생시일까? 꿈일까?' 매일 매일 내 얼굴을 꼬집어 보았다. 다행히 꿈이 아니고 현실이었다. 이곳에서 일하는 백 마샬님은 59세인 나를 회사에 입사시켜 주셨다. 내 인생의 3번째 대운을 열어준 사람이다. 지금껏 살면서 내 인생을 바꿔준 멘토들을 극적으로 만나 인생을 바꾸는데 도움을 받았다.

16년 경력 캐디가 전하는 당신의 꿈을 이루게 하는 힘

모든 근심, 걱정을 떠나보내고 꿈을 따르라.

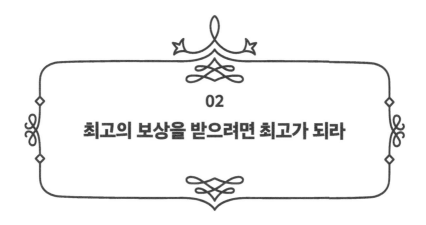

02
최고의 보상을 받으려면 최고가 되라

진정한 성공은 나 자신에 대한 믿음이다

부곡 컨트리를 퇴사하고 이곳에 일한 지 10일 차다. 비가 와서 캐디 두 사람만 일을 나갔다. 비가 많이 왔는데 18홀을 다 도는 팀도 있었다. 내가 사는 터전이 바뀌고 내가 만나는 사람들이 바뀌고 내가 일하는 직장이 바뀌었다. 이곳 시골은 마음이 풍성해진다. 오늘도 오전 8시에 아침 식사를 하고 비가 와서 페어웨이에 고객들이 헤집어놓은 구멍을 메우는 디봇트를 하고 왔다. 비가 와도 디봇트를 하는 동안에 콧노래가 절로 나왔다. 나는 골프장에서 일하는 것이 좋다. 내가 살아 있다는 것을 느끼고 내가 살아 있어서 좋다. 양산 집에만 가면 긴장이 풀려 힘이 빠진다. 유일하게 힘이 솟는 곳이 이곳 골프장이다. 그래서 캐디가 나의 유일한 천직이다.

회사 식당 이모는 돼지 두루치기와 콩나물 파김치 상추를 준비해 놓았다. 내가 좋아하는 최상의 메뉴다. 이모가 직접 회사 안에 밭을 만들어 가꾸고 키운 채소들이다. 식사를 한 후 짐을 꾸려 시내로 책 쓰기 홍보하러 다녔다. 먼저 들린 곳은 119 소방서다. 오늘은 주말이라 소방서장님은 출근하지 않았다. 직원에게 명함과 책을 전달해 달라고 부탁을 했다. 이곳에 온지 10일이 돼서야 마음의 여유가 생겨 책 쓰기를 홍보하고 있다. 모든 일은 영업이다. 직장생활도 영업이고 유튜브를 통해 책 쓰기 코칭 영상을 올리는 것도 영업이다. 모든 것은 영업으로 통한다. 인간관계 역시 영업이다. 요즘 사업은 유튜브와 블로그 네이버 카페로 돈 버는 시대가 되었다. 거의 유튜브로 고객을 끌어당긴다. 나의 스승님도 유튜브를 통해 나를 만났다.

이제는 유튜브로 돈 버는 시대

이제는 유튜브로 돈 버는 시대가 되었다. 의사 약사 변호사도 유튜브로 자신의 직업을 홍보한다. 얼마 전 내가 다니고 있는 연기학원에 정신과 의사 선생님이 연기 수업 등록을 했다는 말을 들었다. 이유는 유튜브를 시작하기 위해서라고 말했다. 이제는 고객이 의사에게 다가가기 전에 의사가 고객에게 다가가는 시대가 되었다. 최고의 보상을 받으려면 최고가 되어야 한다.

나의 삶의 터전 나의 직장 내가 만나는 사람들도 모두 바뀌어야 나의 운명이 바뀐다. 어제는 왕복 4시간을 운전해 오픈하는 김현 님의 마산 합성동 식당에 가보았다. 두 칸인 가게가 커 보였다. 시장 입구에 자리해 위치가 좋았다. 김현 님의 남편은 셰프다. 10년 동안 서울 롯데호텔에서 근무한 사람이다. 같은 직장에서 근무한 셰프를 소개해 주었다. 하지만 전화는 오지 않았다. 고객님들에게 친절하게 대하는 그의 근무 자세가 나와 흡사했다. 39년을 서비스업에 근무한 나는 고객을 신으로 섬기며 일해왔다. 맛있는 회와 디저트가 아름다운 자태를 뽐내고 있었다. 베트남 쌈으로 돌돌 말아놓은 야채 쌈이 맛있었다. 생전 먹어보지 못한 맛이었다. 3가지가 넘는 맛있는 튀김도 내놓았다. 두부를 살짝 구워 푸딩을 만들어주었다. 색감과 맛에 감동해 사진을 찍어 내 블로그에 올려놓았다. 역시 최고의 맛이다.

두 번째로 책 쓰기 홍보로 들린 곳은 군청이었다. 비가 왔지만 휴일인데도 직원들이 출근을 했다. 주차장에 자동차가 10대는 족히 보였다. 잠시 기다렸다가 직원에게 군수님께 나의 책을 전해달라고 부탁을 했다.

시골이라 사람들이 순박해 보였다. 시장으로 내려와 약국에 약사를 만났다. 여자분은 나의 책을 받지 않으려 했다. 70세로 보이는 남자 약사님에게 나의 책을 전해주었다. 그냥 그 약국에 마음이 이끌려 다시 되돌아가서 책을 여자분에게 전달하고 왔다.

사람은 끌림이 있다. 왠지 그 사람에게 내 책을 주고 싶은 사람이 있다. 칼국수 집이 눈에 자꾸 들어왔지만 회사 식당에서 밥을 먹기로 했다. 돈을 빨리 모으려면 그런 작은 노력이라도 해야 한다. 기숙사로 돌아오는 길에 동생 은숙이와 천사 조정희의 전화를 받았다. 항상 나의 일상이 궁금한 두 사람이다. 논두렁에 심어져 있는 맛있는 마늘쫑들의 사진과 벼로 물들어 있는 풍경들을 찍어 보내주었다. 이틀 동안 비가 와서 일이 되지 않았다. 그래도 65세까지 일할 수 있는 곳이라 어린아이처럼 마냥 행복하기만 하다.

기숙사에 들어가면 잠만 잘 것 같아 회사 식당에서 밥도 먹고 유튜브도 찍었다. 지금은 유튜브로 고객을 만나는 시대다. 호주에서 30년간 간호사로 일했던 노애정 님도 나의 유튜브를 보고 책을 쓰겠다고 전화를 했다. 4주 과정 수업을 마치고 원고를 한 달 만에 완성한 뒤 『당신의 행복 지도를 그려라』를 출간한 후 지금 미국 곳곳을 여행하고 있는 중이다. 가끔 어디를 여행하고 있는지 카톡으로 알려 준다.

최고의 보상을 받으려면 최고가 되라

2시간 동안 잠시 회사 식당에서 잠이 들었다. 나는 꿈을 잘 꾸는 사람인데 이곳에 와서는 꿈을 꾼 것이 없다. 그래도 새로운 환경에 적응을 잘하고 있다. 70세 회사 식당 언니는 부지런해서 새벽 4시에 일어나 산속에 있는 고사리, 톳나물들을 뜯어와 한 상 차려준다. 내가 좋아하는 나물 위주로 식단을 짜서 너무 행복하다. 매일 맛있는 음식을 먹는 것도 축복이다. 15년 동안 직원들의 식사와 그늘집에서 라운딩을 즐기는 고객님들의 식사를 책임지고 있다. 업무를 마치면 화장실 청소를 수세미로 박박 문지르고 손수 손으로 바닥을 걸레질하는 것을 보고 눈물이 핑 돌았다. 초등학교를 나오지 않았다는 말에 엄마 김수희가 생각이 났다. 우리 엄마도 학교를 나오지 못했다. 힘든 일상 속에서도 최선을 다하는 식당 언니의 모습이 아름답다. 가볍게 청소를 해도 되는데 내 집처럼 소중히 생각하는 언니가 존경스럽다. 작은 것에도 정성을 다하는 모습이 프로답다. **최고의 보상을 받으려면 최고가 되어야 한다.** 언니는 진정한 프로다!

얼마 전 언니는 서울에 있는 병원에 신장염 검사를 받으러 갔다 왔다. 소변 색깔이 빨갛고 양쪽 신장이 아파서 휴가를 냈다. 아직 검사 결과를 기다리고 있는 중이다. 언니는 어릴 때부터 집안일을 많이 했다. 엄마가 식당을 하셔서 9세 때부터 손님들의 세수 물을 엄마가 시키지 않아도 마을 끝에 있는 우물에 가서 새벽 6시에 1시간 동안 항아리를 매일 채워두었다고 한다. 요리는 엄마를 닮아 배우지 않아도 못하는 음식이 없다. 유튜버 박막례 엄마의 영상을 보여주며 말하지 않고 매일 하는 요리를 동영상을 찍어주면 업로드는 내가 해주겠다고 유튜브를 배우라고 말했다. 새벽 4시에 일어나 직원들의 밥을 챙기는 언니가 마음의 여유가 있을 리 만무하다. 수많은 고객님의 음식을 혼자서 만들어 내야 하는 언니가 언제쯤 유튜브를 배우게 될까? 나도 기다려진다. 언니도 딸을 유학을 보내 작은딸은 네덜란드에 이민 가서 살고 있다.

20일을 울기 위해 3년을 기다린 매미

아침에 회사 옥상에 배를 보이고 죽어 있는 매미를 보았다. 매미라는 곤충은 20일을 세상에 나와 맴맴 거리기 위해 땅속에서 3년을 애벌레로 시간을 인내하며 살아간다고 한다. 그래서 더 애처롭게 보였다. 하물며 만물의 연장인 우리가 세상을 바꾸는 일을 하는데 **인내의 시간**을 3년을 못 기다린 데서야 말이 되지 않는다. 오늘 켈리 최 회장님의 권장 도서 『거인의 힘 무한능력』을 산 지 한 달 만에 두 장을 펼쳐보았다. 켈리 최 회장님이 항상 하시는 말씀은 "바쁘고 급한 일에 중점을 두지 말고 바쁘지 않지만 중요한 일, 즉 **자기 계발에 중점을 두라!**"라고 말했다. 매일 급한 일만 처리하는 사람은 미래가 없다. 다른 정보가 머리에 입력되어야 기발한 아이디어가 번뜩이게 되는 것이다. 원고수정 작업이 급하지만 책을 먼저 읽고 중요한 일을 했다.

신념은 나의 한계를 무너뜨린다

책 속에 신념이라는 것에 관해 적혀 있었다. 신념은 나의 한계를 무너뜨리고 할 수 없다고 생각하는 일을 하게 만든다. 신념은 생각과 마음 같아서 내가 그렇다고 믿으면 내 몸 자체가 그것을 고스란히 받아들이게 된다. 내가 4권의 책을 쓸 수 있는 사람이라고 생각하는 순간 나는 그런 사람이 된다. 4권의 책을 썼다면 100권의 책도 쓸 수 있는 가능성이 열린다. 천만 원을 벌어본 사람은 1억 원을 벌 수 있는 사람이 될 수 있다. **신념이 나의 내면의 생각과 한계를 바꾸는 것이다.** 우리의 삶은 마음과 생각으로 이루어진다. '나는 무엇을 생각하는 사람인가?'가 내 삶을 바꾸고 내 삶의 태도를 바꾸는 것이다.

디봇트는 고객님들의 라운딩 중 페어웨이가 구멍이 난 곳에 모래로 메워주는 작업을 하는 것이다. 부곡 컨트리에 근무할 때 한 동생이 있었다. 동생은 회사 일을 내 일처럼 생각하는 사람이었다. 내가 입사한 지 얼마 되지 않았을 때 디봇트 때문에 동생과 다툰 적이 있다. 새벽 6시에 4명의 직원들과 라운딩을 즐기고 내가 담당하는 홀을 디봇트를 했다. 내가 동생에게 말했다. "내 일은 내가 알아서 할게!"라고 말했다. 이 말을 하고 경기과 차장님께 여러 번 호출을 당했다.

나는 무엇을 생각하는 사람인가?

하지만 나는 유나를 키워야 하는 가장이고 유나를 미국 유학을 보낸 상태여서 직장을 그만둘 수 없는 입장이었다. 그 일로 인해 16년 동안 동생과 껄끄럽게 직장생활을 했다. 화해를 해 보려고 여름에는 시원한 맥주 5개를 사다 주기도 하고 동생이 당번일 때에는 토마토 두 박스를 선물하기도 했다. 하지만 한 번 틀어진 관계는 쉽게 되돌려지지 않았다. 하지만 열정적으로 인생을 살아가는 동생을 마음속으로 항상 응원했다. 동생의 열정적인 삶을 응원한다. 동생은 13년 동안 부모님의 병원비를 벌기 위해 매일 두 번 일하는 투 타임을 했다. 지금은 부모님이 다 돌아가셨다. 13년을 투 타임을 하는 동생을 보면서 숙연해졌다.

캐디는 개인 사업가다. 골프장은 단지 일을 할 수 있는 장소를 제공해 줄 뿐이다. 어떤 복지도 없다. 끼니마다 식사비를 내야 하고 일하는데 필요한 물품들의 제공은 전혀 없다. 내가 사업가인데 무언가를 바란다는 것은 어불성설이다. 어두운 식당에서 핸드폰 라이트를 밝히고 책을 쓰고 있다. 창밖에는 폭우가 쏟아지고 있다. 아직 장마가 아닌데 이곳은 비가 오면 거의 휴장이다. 그래도 이 나이에 일을 해 돈을 벌 수 있다는 것에 감사하다. 65세까지 이곳에서 일하며 돈을 벌 수 있다는 것은 천운이다. 일할 수 있고 돈 벌 수 있고 아프지 않고 세계여행 할 수 있다는 것이 행복하다. 나는 정말 운이 좋은 사람이다.

믿음은 변화의 시작이자 완성이다.

03
해답은 당신 마음속에 있다

꿈이 있는 자는 잠을 자지 않는다

꿈이 있는 자는 잠을 자지 않는다. 이곳은 캐디가 없는 셀프팀이 90%로 캐디가 10%의 일을 하고 있다. 장마도 아닌데 비가 와서 이틀 동안 대기만 하고 일이 되지 않았다. 5일째 두 번 일하는 투 타임을 하고 있을 때 백 마샬님이 내게 말했다.

"여기는 일이 많지 않아요."

"돈 안 벌어도 됩니다. 일만 할 수 있으면 됩니다!"라고 말했다. 앞뒤가 맞지 않는 말이지만 솔직한 나의 심정이다. 유나를 결혼시켰기 때문에 큰 돈이 들어갈 일도 없다. 전에 다니던 골프장에는 식대가 2,500원이었다. 하루에 2번 식사를 했다. 식권을 5만 원 정도 사면 디봇트만 하는 미진이에게 3장을 주고 남자 직원 여러 명에게 식권을 나눠줬다.

스승님을 만나 책 쓰기 코치가 되었다

스승님을 만나고부터 4년 동안 부곡 컨트리에 일을 마치고 밤 12시까지 남아 책을 읽고 스승님의 『10분 필사의 힘』 책을 필사해서 매일 블로그에 글을 올리고 책을 썼다. 나는 16년 동안 월세 오천만 원보다 더 성장했고 더 강해졌다. 어제도 책 쓰기 영업을 시작했다. 나는 어딜가든 명함을 주고 지점장 이상이면 무조건 나의 책을 사인해서 드린다. 언제 내 고객이 될지 모르는 사람들이다. 영업의 방식은 다 똑같다. 누가 고객을 더 많이 만나느냐에 달려 있다. 단지 **시간과 노력이 소요**될 뿐이다. 언젠가 시간이 지나면 내가 만났던 사람 중에 누군가는 책을 쓰고 싶다고 전화를 할 것이다. 대구에 사는 49세, 46세 여자분과 안동에 사는 남자분이 책 쓰기를 물어봤지만 수업료가 비싸 책 쓰기를 포기했다. 지금까지 연락이 없다. 책을 정말 쓰고 싶은 사람은 수업료가 얼마든 개의치 않고 나에게 전화를 한다.

살 만하면 인생을 바꾸고자 하는 열정이 식는다

1주일 전 맞선을 봤던 사람도 자신의 파란만장한 삶을 책으로 쓰고 싶다고 했다. 포도 CC의 김도윤 마스터도 자신의 회사를 가지고 싶다고 전화가 왔다. 하지만 이런저런 핑계를 대며 첫 번째 과제를 1주일이 지나도 보내주지 않았다. 회사 일이 바쁘다는 말만 계속했다. 사람은 현실이 살만하면 인생을 바꾸고자 하는 열정이 식는다. 그래서 스승님은 이렇게 누차 말씀해 주셨다.

"돼지에게 진주 목걸이를 걸어주지 마라!"

3,500만 원을 주고 배운 인생을 바꾸는 기술을 헐값에 배우려고 하는 사람들뿐이다. 많은 사람들은 배움에 목숨 걸지 않고 지금 하고 있는 일이 인생의 전부인 양 살아가고 있다. 그런 사람들을 볼 때마다 안타까운 생각뿐이다.

자신이 알고 있는 지혜와 지식을 SNS를 통해 판매하는 1인 창업가의 길이 있다. 아날로그식 오프라인으로만 살아가려고 한다. 현실감각이 뒤떨어진 삶을 살려고만 고집하지 말고 그 틀을 하루 빨리 깨어 부수어야 한다.

매일 막팀 오후 7시 라운딩을 나가고 있다. 화요일과 수요일에는 또 비가 예상되어 있다. 이곳에 와서는 아무것도 아무 짓도 하지 않아야 오래 직장생활을 할 수 있고 버틸 수 있다. 이곳에 오면서 아무 짓도 아무것도 하지 않으리라 다짐했다. 하지만 오전 5시에 출근해 당번을 하는 사람이 캐디가 없는 셀프카트를 현관 앞에 올리는 데에 걸리는 시간은 1시간이다. 새벽에 깨면 대충 차려입고 당번인 동갑 친구를 돕기 위해 이틀 동안 새벽 5시에 일어나 캐디 없는 셀프 팀 카트를 올려주었다. 밤 12시에 고객님들이 친 연습장 안에 널려 있는 골프공들을 바구니에 담아 당번의 일손을 들어주었다.

기숙사로 택배 온 물병 4묶음을 안쪽으로 옮겨주었다. 전에 있던 직장보다 할 일이 더 많고 잠을 잘 시간이 부족했다. 당번 일을 돕고 피곤해서 잠시 2시간 동안 꿀잠을 잤다. 직원 아저씨가 새벽 5시에 출근해 골프장 내 쓰레기를 치우고 있었다. 언니가 "안쓰러워도 도와드리지 마라."고 했다. 내 아버지 뻘인데도 도와드리지 못했다. "우리는 우리가 해야 할 일이 있고 아저씨는 아저씨가 해야 할 일이 있다."라고 했다. 일을 만들지 말라고 충고했다.

당신은 워라밸 인생을 꿈꾸는가?

이곳은 캐디 10명과 캐디가 없는 셀프 팀으로 운영되는 15년 된 퍼블릭 골프장이다. 마음이 따뜻한 사람들로 이루어진 곳이다. 셀프 팀은 진행에 신경을 쓰지 않아도 스스로 빨리 라운딩을 끝내는 좋은 곳이다. 40대에서 60대까지 근무하는 곳이다. 언니 3명은 전 직장에서 15년을 함께 일한 단짝들이다. 큰언니는 요양보호사 자격증을 취득했다. 한 달에 한 번 골프 모임에서 라운딩을 나가고 있다. 워라밸 인생이 아니고 무엇이겠는가? 체력도 좋아 하루 두 번 일하는 투 타임을 부담 없이 소화해내고 있다. 이제 아무런 걱정도 근심도 없다. 매사에 감사한다. 열심히 일하고 책 쓰고 책 읽고 책 쓰기 코치로 살아가면 된다. 읽을 책이 많아 좋고 책상과 의자가 있어 공부할 수 있어 좋다. 책을 쓸 수 있는 공간이 있다는 것에 감사하다. 모든 것이 감사할 일 뿐이다.

양산에 있는 국민연금을 방문했을 때 은행 다닐 때 연금을 15년을 납부했기 때문에 2,000만 원만 입금하면 65세부터 월 90만 원을 사망할 때까지 받을 수 있다고 했다. 그래서 이곳에서 2,000만 원 중 3개월분을 입금했다. 유나가 결혼하고 난 뒤 아파트 평수를 작은 평수로 이사했다. 지금부터 버는 돈은 동생 은숙이와 딸 유나와 세계여행을 하며 쓰고 싶다.

사람은 죽으면 빈손으로 떠난다. 대기업 회장도 대통령도 그 누구도 무엇 하나 손에 들고 저승으로 갈 수 없다. 그래서 나는 내가 번 돈은 여행하는 경비로 쓸 생각이다. 지금까지 나를 위해 열심히 일해준 나에게 보상을 하고 싶다. 내가 좋아하는 낙지, 멍게, 해삼도 많이 먹고 복국도 먹고 예쁜 옷도 입고 영화도 보고 아름다운 세상도 구경하며 살고 싶다. 그것이 내가 남은 20년을 나답게 살아가는 길이다. 그리고 보고 싶은 부산 화명동에 사는 고등학교 절친 은영이도 만나러 갈 것이다.

내가 열심히 일하는 이유

내가 열심히 일하는 이유는 유나에게 돈을 남겨주기 위한 것이 아니다. 뭐든 도전하고 뭐든 두려움 없이 실행하는 행동력을 남겨주기 위해 살아가고 있다. 유나에게 돈을 남겨주는 것보다 나의 도전정신을 남겨주는 것이 수천 배 가치가 있다. 고기를 못 잡는 어부에게 고기를 잡아 주는 것이 아니라 고기를 잡는 법을 가르쳐주는 원리와 같다. 결과물을 주는 것이 아니라 그 과정을 알려주는 것이다.

문득 노트북 가방을 뒤적이다가 오랜 친구 문창근의 사진을 보았다. 말끔하게 차려입은 모습을 보니 반가웠다. 양복을 입으면 누구보다 멋지고 빛이 나는 사람이었다. 하늘에 있는 창근은 지금 무슨 생각으로 살아가고 있을까? 나를 보며 안타까워하지는 않는지 모르겠다. 창근이 이 세상을 떠나고 꿈에서 나를 만나러 달려왔다. 얼마 전에는 나에게 뭐라고 말했던 것을 정확하게 기억한다. 하지만 몇 달 동안은 나를 다시 찾아오지 않았다. 그가 있는 부산추모공원에도 정을 떼기 위해 시간이 있어도 가지 않았다. 살아 있는 사람은 또 살아가야 한다. 매일 울면서 살 수는 없다. 내가 결혼정보회사에 등록한 이유는 사랑은 사랑으로 치유되는 것이기 때문이다. 엄마는 55세에 이 세상을 떠났다. 고등학교 3학년 때 마산 가는 버스 안에서 만난 잘생긴 전민호는 과로로 33세에 이 세상을 떠났다. 아버지는 86세에 이 세상을 떠났고 진해 조선소에서 나와 함께 일했던 김 기사, 엄소장 님, 윤활동 과장님 전 직장 동료 전희숙과 또 한 사람이 이 좋은 세상을 등지고 암 투병과 사고로 세상을 떠났다. "똥 밭에 굴러도 이 세상이 좋다."는 말이 있다 나는 엄마를 위해 민호와 창근을 위해 후회 없는 인생을 살다가 갈 것이다. 그것이 내 인생 남은 20년의 최상의 목표다.

16년 경력 캐디가 전하는 당신의 꿈을 이루게 하는 힘

가난한 삶을 창조하는 낡은 관념을 과거라는 무덤에 묻어라.

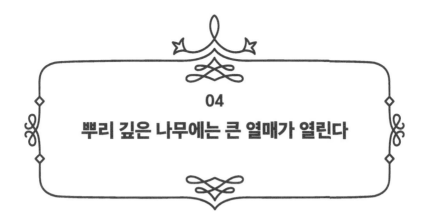

캐디의 본분은 진행이다

캐디의 본분은 진행이다. 홀을 비우지 않기 위해 최선을 다해 앞 팀과의 간격을 좁혀야 한다. 팀을 많이 받을 경우 1번 티박스와 파3 홀에서 카트 대기수가 많이 밀릴 때가 있다. 그럴 경우에는 카트 진행상태를 화면을 통해 알 수 있다. 전체 홀의 카트 흐름을 파악하여 1번 홀을 앞 팀을 그린까지 보내고 난 뒤 라운딩을 시작하는 것이 코스 내에 카트가 밀리는 것을 막을 수 있다.

파3 홀에서는 카트 대기가 3대 정도 밀리는 것이 일상이다. 이럴 때에는 사인을 연결하여 두팀이 함께 플레이를 하는 방법인데 밀리는 것을 해소할 수 있는 방법이다. 16년 동안 라운딩을 하면서 신입생 경기과 직원이 있다. 대학을 졸업하고 군대를 제대한 후 첫 직장으로 이곳 컨트리에 입사한 사람이었다.

고객님은 하늘

그 사람은 120팀 중에 가장 진행이 안 되고 홀을 비우는 4명을 강제 퇴장시키는 대범함을 보였다. 나는 39년 동안 직장생활을 한 사람으로 서비스 업종에만 몸을 담다 보니 **고객님은 '하늘'**이라는 개념을 가지고 있다. 남들은 이런 나의 생각을 이해할 수도 이해하지도 못한다. 하지만 나는 고객님들이 있어 39년 직장생활을 통해 돈을 벌었고 밥을 먹고 유나를 공부시켰다. 내가 좋아하는 여행도 할 수 있다. 배우고 싶은 강사 자격증도 취득하고 책 쓰기와 1인 창업 수업료 3,500만 원을 지불 할 수 있었다.

고객님들이 아니었다면 나는 아무것도 이룰 수 없었다. 차라리 진행이 조금 늦어도 경기과에 잔소리를 조금 들으면 되는 것을 은인들을 그것도 라운딩 중에 강제 퇴장시키는 불상사는 어떻게 이해해야 할까? 고객님은 4명이지만 그 4명을 알고 있는 지인들을 생각한다면 골프장으로서는 엄청난 위상실추와 귀한 고객을 잃는 결과를 초래할 뿐이다. 그 직원은 몇 달을 넘기지 못하고 회사를 떠났다. 어쩌면 이곳이 그에게 **맞지 않는 첫 단추**였다.

골프장은 고객님들에게 서비스를 제공하는 곳이다. 우리가 위너가 아니고 고객님이 위너인 곳이다. 하루 120팀이 넘는 고객님들을 수용하는 이곳에 9홀을 돌고 나면 대기하는 시간은 40분에 육박한다. 그런 현실을 생각한다면 한 홀을 비우는 여유가 오히려 더 즐거운 라운딩을 할 수 있다는 사실을 신입사원은 알지 못했다. 1년만 일해도 모든 것을 안 봐도 한눈에 알 수 있다. 골프장의 생리를 이해하게 된다.

고객님은 고객 서비스 정신이 투철한 사람을 원한다

캐디의 본분은 진행임에 틀림이 없다. 직원 중에는 속도가 빠른 직원도 있고 보통 평균 시간 동안 라운딩을 한다. 한 홀씩 비우고 앞 팀을 따라가지 못하는 직원도 있다. 경기과에서 가장 선호하는 직원은 진행이 빠르고 일을 많이 하는 고객서비스가 투철한 직원을 선호한다. 나이가 어리면 더 좋고 예쁘면 금상첨화다. 하지만 골프장은 오랜 경험으로 일하는 곳이다. 남은 거리와 그린의 스피드 라이를 잘 보는 캐디를 선호한다. 시합이 있으면 경험이 많은 캐디를 우선시한다. 챔피언 시합이 있는 경우에는 16년 동안 챔프 경력 10년 이상 하신 분이 지정 캐디만 시합에 나간 사람도 있다. 결과는 매번 우승이다. 하지만 원숭이도 나무에서 떨어지는 날이 있듯이 70세를 넘기고 우승 자리를 내어 주어야 했다.

캐디라는 직업은 시 초를 다투는 직업이다

캐디라는 직업은 시 초를 다투는 직업이다. 100명이 넘는 직원이 1초만 늦어도 1시간 40분이라는 시간이 뒤로 밀리게 된다. 그로 인해 골프장에 근무하고 있는 모든 직원들의 퇴근 시간이 늦어지고 라이트 경비가 증가되며 피로도가 커지게 된다. 모든 직원이 일찍 일을 마치고 퇴근하고 싶지 늦게 마치고 싶은 직원은 단 한 명도 없다. 모두가 한마음으로 열심히 진행에 협조하고 고객님들에게 양해를 구해 빠른 진행을 도모한다면 즐거운 캐디생활이 될 것이다. 나는 마음이 약해 16년 동안 "진행을 빨리해주세요!"라고 말한 경우는 3번 정도 된다. 매일 밀리는 현상을 보아왔기에 독촉을 할 경우는 그렇게 많지 않았다. 하지만 기억에 남는 진상 고객은 3명 정도였다.

한 분은 매일 라운딩을 나오는 셀프 팀이었다. 그날은 비가 와서 내가 나가게 되었다. 라운딩 도중에 사모님을 레슨하고 투볼 플레이를 해서 진행이 늦었다. 그래서 "조금만 일찍 가주십시오!"라고 말씀드리니 "볼을 앞이 아닌 뒤로 치겠다."라고 나에게 엄포를 났다. 그래서 내가 더 이상 독촉을 못하게 했다. 오히려 내가 죄송하다고 하고 진행에 협조해 줄 것을 간청할 정도였다. 팀은 그렇게 많지 않았지만 평소에 잘 알고 앞면이 있는 고객님이 진상의 모습을 보였다. 사람은 사계절을 겪어봐야 그 사람을 알 수 있다. 항상 인사를 잘 받아주고 좋은 인상을 가진 분이 그런 면을 가지고 있다는 것을 처음 알았다.

캐디는 어떤 마음과 어떤 준비를 해야 할까?

고객님들이 드라이버샷을 날리고 세컨샷에서 캐디는 어떤 마음과 어떤 준비를 해야 할까? 맨 먼저 가장 거리를 내지 못한 고객님에게 그린 깃대까지 남아 있는 거리를 불러주고 우드나 아이언을 전달한다. 그리고 남은 고객님들에게도 남은 거리를 불러주고 거기에 맞는 클럽을 손에 쥐여 드리는 것이 중요하다. 카트를 떠나 고객이 뿔뿔이 흩어지게 되면 고객님이 서 있는 곳까지 일일이 클럽을 전달하게 되면 시간과 에너지가 많이 소비된다. 클럽은 카트 가까이에서 해결하는 것이 **경력자와 초보자를 가름하는 기준**이다.

카트가 내 몸 멀리 주차되어 있을 경우에는 고객님에게 양해를 구해 지금 내가 가지고 있는 클럽을 기준으로 짧게 잡아 컨트롤 샷을 하게 하는 것도 캐디의 역량이다. 꼭 거리에 맞는 클럽만을 고집해서는 안 된다. 그때 상황에 맞춰 그린과 가깝다면 피칭에서 9번 아이언까지 굴려서 어프로치를 하도록 권유하는 것도 좋은 방법이다. S나 P보다 9번 아이언으로 굴리는 것이 손맛도 좋고 그린 홀컵에 볼을 붙이는 묘미를 알게 된다. 18홀 동안 10타를 줄일 수 있는 실력을 갖추게 된다.

골프는 정석 게임이 아니다. 자신에게 맞는 어프로치 방법을 터득하면 된다. 그린 가까이에서 그린에서 먼 경우 7번 아이언에서 8번 9번 P까지 거리를 맞추어 굴리는 샷을 하는 것이 겨울에는 유리하다. 잔디가 없는 맨 땅에서는 뒷 땅이 날 경우가 많으므로 부상의 우려가 있다. 그럴 경우에는 지프를 구입해 퍼터를 하는 방법으로 어프로치를 하는 방법도 있다.

자기만의 비장의 무기

이처럼 다양한 방법을 연구해 **자기만의 비장의 무기**를 만들면 된다. 자신이 가장 자신 있는 거리를 남겨 타수를 줄이는 방법도 있다. 아이언에 자신이 있는 사람 우드에 자신이 있는 사람 퍼터에 자신이 있는 사람 등 다양한 선택지가 있다. 자신만의 노하우를 만들어 타수를 줄여가는 것이 중요하다. 프로들은 자신이 좋아하는 거리를 남겨 타수를 줄이는 방법을 선호한다.

라운딩할 때 갑자기 드라이버 샷이 오른쪽으로 왼쪽으로 내 마음먹은 방향으로 가지 않을 경우가 생긴다. 그럴 때에는 오른쪽 다리를 피니쉬를 다한 상태까지 발을 땅에서 떼지 않는 방법이 있다. 그렇게 하면 볼이 똑바로 정면으로 날아가게 된다. 그래도 오비가 나거나 조루가 날 경우에는 엉덩이 중간 꼬리뼈에 힘을 주는 방법이 있다. 양쪽 다리가 고정되어 볼이 앞으로 똑바로 가게 하는 특급비법이다. 골프에서 제일 중요한 것은 왼쪽 다리에 힘을 주는 것과 볼을 끝까지 보는 것 그것이 골프의 전부라고 할 수 있다.

그린에서 볼이 홀컵에 잘 들어가지 않는 날이 있다. 그럴 때에는 양쪽 다리 안쪽으로 사타구니에 힘을 주고 볼의 오른쪽 측면을 15도 각도로 바라보고 양쪽 팔꿈치를 몸통에 살짝 붙인 상태에서 퍼팅을 하면 들어갈 확률이 높다. 이런 방법으로 한 타 한 타를 줄여나가는 묘미를 맛보는 재미로 골프를 더 사랑하게 될지 모른다. 80세까지 즐거운 라운딩으로 몸과 마음을 단련시키는 인생을 살아가는 것도 좋을 것이다. 부곡 컨트리에서 최장수 고객님은 93세다. 새벽 4시에 일어나 집 앞산을 한번 돌고 라운딩을 나오신다. 18홀을 거의 걸어서 라운딩을 하신다. 몸이 재빠르고 호리호리한 체격으로 타수는 85타를 넘어가지 않는다. 대학교 학장님으로 계셨던 분이다. 밀양에 화이바 회장님의 라운딩은 16년 동안 내가 제일 많이 나갔다. 기부도 많이 하시는 존경하는 분이다. 지금은 라운딩을 하시지 않는다.

16년 경력 캐디가 전하는 당신의 꿈을 이루게 하는 힘

당신이 기다려 왔던 그때는 바로 지금 이 순간이다.

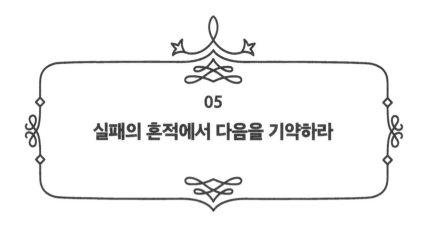

05
실패의 흔적에서 다음을 기약하라

사회생활을 위해 골프는 칠 줄 알아야 한다

부곡 컨트리에 오기 전 상가 분양 영업을 3년 동안 했다. 돈을 벌려면 골프를 칠 줄 알아야 한다는 생각이 갑자기 들었다. 그래서 분양 사무실 근처에 있는 부산 화명동 실내 연습장에 가서 1년 레슨비를 냈다. 상가 분양 일을 마치고 오후 7시부터 밤 10시까지 1년 동안 365일 단 하루도 빠지지 않고 골프 연습을 했다. 비가 와도 연습을 했다. 그때 함께 배운 사람들은 10명 정도 된다. 그때 5명 정도 프로님에게 골프클럽을 구매했다. 가격은 150만 원이었다. 컨트리에 입사하고 클럽 금액을 알아보니 80만 원 가격이었다. 클럽을 구매해준 뒤 프로는 보이지 않았다. 믿었던 프로에게 오히려 바가지를 썼다.

우리는 실패를 통해 많은 기회를 얻게 된다

그래도 그 1년의 골프연습장 연습한 노력을 가지고 이곳 부곡 컨트리에 입사해 유나를 미국 유학을 보냈다. 대학을 졸업시키고 5억 원을 벌어 많은 꿈을 이루었다. 우리는 실패를 통해 많은 기회를 얻게 된다. 실패가 없었다면 부곡 컨트리를 만나지 못했을 것이다. 실패는 오히려 내 인생의 또 다른 기회를 안겨 줬다. 그것이 두 번째 대운이었다.

컨트리 캐디로 16년을 살면서 내가 실패한 것이 있을까? 그것은 여직원들과의 교류다. 나는 내 살기가 바빠 천사 조정희, 전직 간호사 배윤이 중국에서 온 박해경 3명과 하루에 한 번 인사를 하거나 오전 6시 라운딩을 함께하고 아침 식사를 몇 번 한 것밖에는 외식이 없었다. 누구를 만나기 위해 시간을 소비한 적도 없고 오직 딸 유나를 키우고 공부시키는 데 혈안이 되어 있었다. 지금은 딸이 결혼을 한 후 내 인생을 살기 위해 발버둥 치고 있다.

말도 많고 탈도 많은 100명이 넘는 여직원들 속에 살았다. 디봇트 때문에 이곳에서 16년을 일하면서 여직원과 트러블이 단 한 번 있었다. 사람은 생각하는 것이 다르다. 나는 좋은 의도로 고객님에게 커피를 대접하고 과일을 선물하지만 사람들은 내 생각과 다르다. 차장님은 이렇게 말했다.

"여기가 술집입니까? 과일을 주게."라며 핀잔을 줬다.

나는 감이 맛있으면 내가 좋아하는 고객님들의 집에 감을 한 박스씩 택배를 보낸다. 무더운 여름에는 라운딩 중 고객님들이 더위에 쓰러질까 봐 오이를 사서 아이스박스에 한 통 깎아와서 나눠 먹는다. 고객님들도 블루베리를 직접 키워서 프론트에 한 박스씩 해마다 맡기고 간다. 게장을 맛있게 담아서 캐디 배치실로 나를 찾아오는 고객님도 있다. 곰국을 한 통 끓여주기도 했다. 이런 고객님들의 따뜻한 마음을 알기에 서로 베풀고 감사하며 고객님들과 이곳 컨트리에서 살았다.

이곳으로 직장을 옮긴 지 25일 차다. 나는 캐디 생활 16년을 하면서 내가 생각하는 마음의 중심이 있다.

'사람이 다치거나 죽지 않으면 일어난 일은 아무 일도 아니다.'

나는 일의 중요도를 사람의 생명을 중심에 놓고 생각한다. 사람이 다치거나 죽지 않으면 아무 일도 아니다. 작은 일을 크게 생각하지 마라. 걱정을 사서 하지 마라. 걱정하는 만큼 아무 일도 일어나지 않는다.

16년 동안 큰 사고가 없어서 참 다행이다

어느 날 서 코스 3번 홀에서 고객님이 드라이버를 쳤는데 앞에 세컨 지점에 있던 고객님의 모자에 드라이버로 친 볼이 맞았다. 아니 모자에 살짝 맞았을 뿐이다. 고객님에게 사과를 드리고 볼 한 상자와 마크를 사서 선물로 드렸다. 혹시 통증이 있으시면 병원비를 처리해 드리겠다고 말했다. 그 뒤 타구 사고로 3일 벌당과 5일 동반 교육을 했다. 나이가 많아서 어디 갈 곳도 없다고 생각한 나는 아무런 반항도 없이 그렇게 벌당을 하고 교육을 받았다. 그렇게 기분이 나쁘지는 않았다. 고객이 다치지 않아 다행이라고 생각했다.

내 눈앞에서 앞 팀 손님이 아이언에 맞아 머리에서 피가 뚝뚝 떨어지는 사건도 있었다. 서코스 6번 홀에서 친 볼이 7번 레이디 티에서 티샷을 하고 있던 여자분의 머리에 볼이 맞아 119를 부르고 병원에 실려 간 일도 있다. 하지만 그것은 우리가 어떻게 할 수 있는 문제가 아니다. 타구 사고는 복불복이다. 재수가 없으면 그날 날아 온 볼에 다치는 것이고 복이 있으면 큰일을 피해 가는 것이다.

야마 카트 사고로 다리를 크게 다쳤던 영은이가 서 코스 2번 홀에서 고객님이 휘두른 아이언에 얼굴을 크게 다친 적이 있다. 하지만 천만다행으로 눈은 다치지 않았다. 생각만 해도 아찔한 사건이었다. 진해에 사는 진숙이는 뼈 조각이 복숭아뼈 근처 피 속에 돌아다녀 캐디 일을 접어야만 했다.

전희숙 동생은 두 아이를 두고 암으로 40세 초반에 세상을 떠났다. 아까운 사람이다. 동생은 다시 이 세상에 태어났을 것이라 생각한다. 그렇게 나쁜 사람은 아니었다. 동생도 꿈이 있고 아이들에 대한 소망이 있었다. 하지만 아이들이 크는 것도 보지 못하고 희숙이는 짧은 인생을 살다가 사라졌다.

강남 18년 연기학원 정주연 원장 내 인생 마지막 멘토를 만나다

오늘은 새벽 5시에 일어나 하루 종일 비를 맞고 일을 했다. 며칠 전부터 다짐했던 대구에 있는 연기와 모델 학원에 등록을 했다. 학원비는 생각보다 비싸지 않았다. 내 생각에는 몇백만 원의 수업료를 내야 한다고 생각했는데 60만 원이었다. 오늘은 수업이 어떻게 진행되는지 설명을 들었다. 오랜 시간 동안 연기자 지망생을 가르친 원장님이다. 현재 지방대 교수로 재직 중이다. 강남에서 18년 동안 연기학원을 운영했고 대구에서 대박을 터뜨려 더 위치가 좋은 점포에 2호점을 오픈해 문전성시를 이루고 있다. 이곳은 연기자와 모델을 육성하는 곳이다. 유명한 에이전시에서 이곳에 와서 모델을 뽑아가기도 한다. 모델 오디션이 1년에 6회 정도 이곳에서 열리고 있다.

단아하고 예쁜 얼굴이 하얀 원장님이었다. 책을 쓰고 싶다고 말했다. 시간이 가면 책을 출간하게 될 것이다. 〈클래스유〉 동영상 강의와 〈클래스 101〉 강의를 올릴 것을 권유했다. 18년 동안 연기자 지망생들에게 연기를 가르친 노하우를 동영상을 찍어 업로드할 것을 권했다.

또 이렇게 인연이 되어 서로 인생을 바꾸게 되었다. 최고는 최고를 만나게 되어 있고 서로를 알아본다.

나의 한계를 뛰어넘는 연기자에 도전하다

오늘 회사 동생 효은이와 함께 연기와 모델 학원에 등록했다. 효은이는 모델에 관심이 많다. 드럼도 배울 예정이다. 효은이를 보면 서부영화 속에 나오는 권총을 옆에 차고 망토를 걸친 카우보이가 생각난다. 모델이 되면 카보이 컨셉으로 나가라고 말했다. 에너지가 넘치고 아침 5시에 자전거로 동네를 한 바퀴 돌고 온다. 기숙사 안에서 실내 자전거를 타고 발 마사지기로 발의 피로를 풀어준다. 자전거로 운동이 끝나면 햇빛을 보기 위해 일광욕을 즐긴다. 유명 모델 유튜브 영상을 보면서 워킹을 따라 한다. 서로 모델이 되면 함께 일하자고 다짐했다. 원장님도 우리를 보고 1년 6개월 뒤에는 TV에 나올 수 있도록 해 보자고 말했다. 강남에서 18년 동안 연기학원을 운영한 원장님이니 연기자가 될 사람을 보는 안목이 있다. 연기자가 될 사람인지 쭉정이인지 떡잎부터 알아볼 수 있다. 원장님은 이렇게 말했다.

"문수빈 씨는 인생 경험이 많으니 연기자가 될 수 있습니다. 어떻게 그렇게 흡수가 빨라요?"라고 칭찬해 주었다.

오늘 나의 한계를 뛰어넘는 연기자에 새로운 도전장을 내밀었다. 나는 59년을 살아냈고 인생의 삶의 깊이를 연기를 통해 발산해 볼 생각이다. 나는 59세에 나의 한계 유리천장을 과감히 깼다.

16년 경력 캐디가 전하는 당신의 꿈을 이루게 하는 힘

"운명은 정해져 있다."라고 말하는 사람들의 공통점은 패배주의에 빠진 사람들이다. 사람은 자신의 믿음대로 살아가게 된다.

06
장애물보다 기회에 집중하라

누구를 만나느냐에 따라 사람의 운명이 바뀐다

사람은 사람을 통해 인생관이 바뀌고 삶의 생각과 관점이 바뀌게 된다. 기숙사를 함께 쓰는 김효은을 만나면서 행동력이 빠른 내가 더 스피드를 내는 사람으로 살게 되었다. 블로그를 알려져 일상의 사진을 찍고 자신의 생각을 올리는 회사 동료로 만들었다. 인생의 관점을 조금씩 바꾸고 꼭 잘나지 않아도 똑똑하지 않아도 누군가 단 한 사람의 인생을 바꿔주기는 쉽다. 블로그에 글을 올린 지 하루 만에 몇 명의 이웃이 방문을 하고 댓글을 달아 주었다.

평범한 사람도 누군가의 삶을 변화시키고 도움을 줄 수 있다. 컴맹인 나도 SNS를 통해 누군가의 공감을 얻고 목표를 향해 나아가는 삶을 살게 되어 한 달에 900명의 이웃과 희망과 열정을 끌어올리는 삶을 살게 됐다. 주체 할 수 없는 열정을 느끼게 된다. 별것이 아니라고 생각하는 일상의 블로그 글들을 통해 삶의 희열을 느끼게 된다. 1년 정도 자신의 일상 사진과 생각을 블로그에 올려보라. 응원 메시지 덕분에 더 열정적인 삶을 살게 될 것이다.

살면서 엄청난 에너지를 발산한다는 것은

나는 기숙사에 함께 생활하고 있는 김효은의 인생을 바꿔주고 있다. 열정은 가지고 살지만 효은이는 자신의 가치가 **엄청난 에너지를 발산한다는 것**을 알지 못하는 사람이다. 딸도 특이하게 제주도에 여행을 갔다가 만난 사람과 결혼을 해서 행복하게 살아가고 있다. 딸은 콜센터에 근무했다. 넉넉하고 다복한 집안에 시집을 가서 친구들을 초대해 회를 함께 먹는 모습을 블로그에 올려놓았다. 요리도 잘하는 딸의 모습이 대견하다. 오늘은 시어른의 생신과 남편의 생일이 겹쳐 온 가족이 모여 식사를 한다고 전화가 왔다. 국을 끓이는 며느리의 모습이 아름답다. "효은이 딸 잘 키웠네."라고 말해 주었다.

효은은 하루 만에 지인들에게 블로그 주소를 보내고 있는 중이다. 57년을 살면서 알고 지낸 사람이 얼마나 많겠는가? 금방 서로 이웃 300명이 될 것이다. 옆에서 콧노래를 부르며 〈영자야〉를 부르는 모습이 정겹다. 10분 동안 자전거를 타고 온 그녀의 모습을 찍어 블로그에 올려주었다. 스스로 산

길을 찍어 블로그에 글을 올리는 모습에 내 입가에 웃음이 묻어난다. 또 한 사람의 관점을 바꾸고 열정적으로 살아가게 했다. 나도 덩달아 행복하다.

꿈이 있는 여자는 결코 늙지 않는다

오늘 비가 하루 종일 올 예정이었는데 갑자기 사라졌다. 비가 오면 대구에 있는 연기학원에 갔다 올 생각이었다. 하지만 날이 좋아 대기 1번으로 오후 7시까지 꼼짝없이 이곳에서 책을 쓰고 유튜브를 찍어 업로드했다. 아침 6시에 출근해 막팀 시간까지 회사에서 대기한다는 것은 다른 직원들은 힘겹다. 아무것도 하지 않고 가만히 책상에 앉아 고객님을 기다려야 한다는 것은 고역이다. 하지만 나는 이렇게 책을 읽고 필사하고 책을 쓰고 있으니 좋다. 회사 옥상에서 유튜브로 한혜진 님의 모델 워킹도 보고 워킹 연습을 5분간 했다. 나도 시니어 모델이 되고 연기자가 되어 남은 인생을 살아가게 되었다. 꿈이 있는 여자는 결코 늙지 않는다.

어제 오후 5시쯤 노부킹이 떠서 갑자기 일을 나가게 되었다. 나는 캐디로 일하면서 항상 업무 시작 전 2시간 전에 출근해 업무 준비를 했다. 다른 직원들은 회사 제복을 입고 와서 5분 전에 백을 받기 위해 출근을 한다. 나는 2층에 있는 카트 창고에서 카트를 가지고 내려와야 하고 라운딩에 필요한 모든 준비물과 따뜻한 물을 준비해야 한다. 시간이 남들보다 많이 걸린다. 5분 전 출근은 꿈도 못 꿀 일이다. 남들은 "뭐 시간이 걸릴 것이 있나요?"라고 묻는다. 하지만 나는 남들보다 일찍 2시간 전에 출근해서 준비하는 것이 마음 편하다. 16년을 그렇게 살았다.

어제는 오전 6시부터 업무 준비를 해서 오후 5시까지 대기해 '일이 안 되겠구나.' 생각을 했다. 기숙사에 있는 동생 효은이를 불러 비가 와서 전부 내려져 있는 풍우 커텐을 모두 말아서 올려야 했다. 혼자 하면 1시간이 걸린다. 그래서 도움을 청했다. 1시간 동안 다 정리를 하고 바로 일을 나가게 되었다. 나는 이곳에 와서 막팀으로 자주 나간다. 일을 할 수 있어 좋다. 갑자기 라운딩 시간을 잡아 3명의 고객님이 왔다. 골프도 잘 치시는 분들이라 할 것도 없었다. 참 기분 좋은 하루였다. **미리 미리 준비를 하니 일하기도 편하다.**

장마라서 오늘도 하루 종일 비가 예상 되어 있다. 나는 오늘 회사 청소를 하고 난 뒤 일할 수 있는 당번이다. 당번은 오전 4시에 출근해 당일 오전 11시 전까지 캐디 없는 셀프 팀 라운딩을 신청한 카트를 현관 앞에 올려놓아야 한다. 회사 청소를 하고 쓰레기를 모두 비우는 작업을 해야 한다. 오전 6시 30분에는 골프장 전체를 돌며 쓰레기 담배꽁초 등을 줍는 일을 해야 한다. 그것을 밴드에 올려 인증샷을 남겨 당번 활동을 검사받는다. 모든 청소가 끝나면 일을 나갈 수 있다.

천사 조정희와의 비오는 날의 추억

부곡에 있을 때 동생 조정희와 골프에 한창 미쳐 있을 때가 있었다. 골프장 내에 있는 연습장에 김우현 프로님께 이십만 원을 주고 두 달 동안 골프를 다시 배웠다. 골프를 배운다고 뭐 특별한 것이 있는 것은 아니다. 기본에 충실하면 된다. 왼쪽 다리에 힘주고 볼을 끝까지 바라보는 것 그것이 골프의 처음이자 끝이다. 프로님에게 배운 것도 마찬가지다.

정희와 나는 비오는 날 일을 마치고 동 코스 1번 홀 롱홀에서 드라이버샷 비거리를 내기 위해 볼 50개씩을 드라이버로 날리고 볼이 떨어진 자리로 걸어가 다시 티박스 방향으로 드라이버 샷을 연습해 비거리 늘리는 연습을 했다. 정희는 골프를 연습장에 가서 정석으로 배우지 않아 피니쉬를 끝까지 안하고 두 팔을 안으로 둘러메는 샷을 했다. 그것을 고치기 위해 프로님께 드라이버 치는 법을 다시 배웠다. 두 달 후 160m가 넘는 비거리를 내 골프에 한창 미쳐 있었다. 밤 12시가 되어 업무를 마치고 카트를 가지고 라이트 불빛으로 서 코스 9번 홀에서 드라이버 샷을 연습했다. 그때는 가끔 서 코스 9번 홀에 멧돼지가 출몰하기도 했다. 정말 목숨을 건 사투였다. 어두 컴컴한 곳에서 골프에 대한 열정으로 정희와 함께했던 그 순간이 부곡 컨트리 16년 중 가장 소중하고 행복한 순간으로 기억된다.

골프의 장인 김우현프로

30년 동안 골프 프로로 사신 김우현 프로님이 기본이 제일 중요하다고 말했다. 프로님은 투어프로이면서 KPGA 프로이기도 하다. 아들도 골프 프로로 지금은 딸기농장을 크게 하고 있다. 아들은 경남 골프대회에서 우승하기도 했다.

백의 천사 배윤이 그녀의 삶은 아름답다

비가 계속 와서 현재까지는 노부킹이 뜨지 않았다. 하지만 일이 될 것이다. 내가 대기 첫 번째다. 이곳에는 비가 오면 더 바쁘다. 다른 골프장에는 비가 오면 휴장을 하지만 우리는 비가 와도 라운딩을 할 수 있다. 그래서 왕복 4시간 거리에 있는 고객님도 먼 거리에도 라운딩을 즐기려 여기까지 기꺼이 온다. 우리는 돈을 벌어서 좋고 고객님은 라운딩을 즐겨서 좋고 일석이조다.

나는 일하면서 비가 온다고 눈이 온다고 남에게 일을 넘긴 적은 없다. 하지만 교통사고 후유증으로 1년 6개월을 동생들에게 일을 부탁해야 했다. 배윤이 동생에게 비 오는 날마다 일을 부탁했다. 전직 간호사였던 윤이는

16년 동안 매일 두 번 일하는 투 타임으로 5억 원을 벌어 아버지 암 치료비로 모두 사용했다. 암보험을 들지 않아 더 힘들었다. 암종류가 두 종류여서 오랜 기간 투병 생활과 항암치료를 했다. 묵묵히 아버지의 임종을 바라보는 윤이의 모습과 윤이 엄마의 모습이 눈앞에 아른거린다.

비싼 수업료를 주고 배운 인생을 바꾸는 기술을 알려주어도 많은 사람들은 그 고마운 가치를 모른다. 공짜는 그 가치의 무게를 알지 못한다. "돼지에게 진주 목걸이를 걸어주지 마라."라는 충고를 다짐하지만 그것을 실천하기란 어렵다. 누군가는 그 가치를 알아볼 것이라고 생각한다.

사람의 관점을 바꾸기란 어렵다. 죽을 고비를 넘기지 않으면 자신의 인생을 바꾸고자 하는 마음을 가지는 사람은 없다. 죽음의 문턱 앞에 가본 사람만이 인생을 바꿔야 한다는 생각을 한다. 그때까지는 영원히 천년을 살 것처럼 살아간다.

우리는 도움을 준 사람에 대한 예의를 갖추어야 한다. 은혜를 입은 사람에게 은혜를 갚는 사람이 되어야 한다. 그러기 위해 노력해야 한다. 우리는 은인들과 멘토로 인해 인생을 바꾼 사람들이다. 나를 비롯해 남들의 인생도 바꿔줄 의무와 책임이 따른다. 하지만 그 가치를 모르는 사람을 굳이 가르칠 이유는 없다.

고수는 묵묵한 기다림으로 기회를 잡지만 하수는 일찍 움직이는 바람에 기회를 잃는다.

4장

꿈을 이룬 당신,
자신을 열정적으로 사랑하라

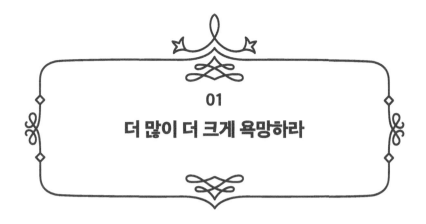

01
더 많이 더 크게 욕망하라

갑자기 찾아온 불행

어제 갑자기 오후 10시에 당번이 떴다. 내 순서가 아닌데 나금 언니가 자전거를 타다가 브레이크 고장으로 자전거가 서지 않아 길바닥에 나뒹굴었다. 어깨가 골절되어 병원에 입원 했다. 수술을 하고 재활까지 치료하려면 6개월은 족히 걸릴 것 같다. 저녁 10시에 걸려온 전화를 받고 회사로 급히 돌아왔다. 어제는 폭우가 쏟아져 카트 풍우 커튼이 다 내려져 있다. 그래서 내일 오전에 캐디 없는 셀프카트 15대를 현관에 올려야 한다. 청소를 끝낸 뒤에는 두 번 일하는 투 타임을 해야 한다. 갑자기 마음이 바빠졌다.

밤 10시에 부랴부랴 회사로 출근해 2시간 동안 풍우 커튼을 접었다. 밤 12시가 넘어 기숙사에 돌아왔다. 잠깐 잠을 자고 새벽 4시에 출근해 1시간 동안 15대의 카트를 현관에 올렸다. 사무실 내부 청소를 하고 골프장 내에 있는 쓰레기를 줍고 투 타임을 했다. 체력이 달렸다. 2시간 자고 투 타임을 하니 역부족이었다. 하지만 당번은 두 번 일을 해야 한다. 다음 날 동생 효은이가 당번이라 지친 몸을 이끌고 새벽 5시에 일어나 카트 5대를 현관에 올려주었다. 그대로 기숙사에 와서 쓰러져 오후 2시까지 잠을 잤다. 그래도 잠을 충분히 자고 나니 기운이 되살아났다.

내 인생의 운명과의 만남

어제 창원에 중요한 개인적인 볼일이 있어 갔다. 점심을 먹고 약속 장소를 못 찾아 잠시 허둥댔다. 겨우 5분 남겨두고 도착했다. 일을 마치고 나니 오후 1시였다. 길을 걷다가 우연히 '꽃담'이라는 꽃집에 들르게 되었다. 내가 물었다.

"꽃 사진 좀 찍어도 될까요?" 보통 꽃집 주인들은 사진을 못 찍게 한다. 꽃다발과 꽃바구니도 하나의 작품이기 때문이다. 허락을 해서 핸드폰으로 사진을 찍다가 주인에게 물었다.

"동부지점이 여기서 먼 가요?"라고 물었다. 내 운명 고휘찬이 근무하는 곳이다.

"바로 건너편입니다. 제 친구가 그곳에 근무합니다."라고 말했다.

"지금 사무실에 계시는지 물어봐 주세요."라고 부탁했다.

꽃집 언니가 말했다.

"화분은 그분이 부담스러울 수 있어요. 직원들이 나눠 먹을 수 있는 음료수를 사서 드리는 것은 어떨까요?"라고 조언했다.

꽃집 언니는 꽃을 사러 온 나에게 자신의 물건을 팔 생각은 않고 그렇게 조언을 했다. 20세 때 만난 첫사랑을 39년 만에 만나는 설렘을 언니는 이해했을 것이다. 꽃집을 하는 사람은 마음이 아름답지 않고는 꽃을 팔 수 없다. 나도 꽃집을 마산 회성동에서 은행을 명예퇴직한 후 6개월 동안 했다. 오전 5시에 출근해 꽃 배달을 하고 밤 2시까지 영업을 했다. 나는 휘찬이에게 기억에 남는 선물을 하고 싶었다.

첫사랑을 만나러 가는 설렘

금목수라는 예쁜 화분을 하나 주문하고 1분 거리에 있는 휘찬이 사무실로 향했다. 떨리는 마음으로 첫사랑을 만나러 가는 설렘을 안고 걸어가 5명의 직원들에게 인사를 했다. 지점장실에 앉아 있는 그를 만나 악수를 청했다. 그의 필체와 얼굴은 똑같았다. 59세가 된 그의 머리카락만 변해 있었

다. 나의 첫마디는

"졸고 있었지? 갑자기 찾아와서 미안해!"라고 말했다.

항상 생각해서인지 어제 만난 것처럼 반가웠고 편안했다. **내 인생에서 가장 사랑한 남자**였다. 그로 인해 가슴 떨림과 설렘을 많이 느꼈다.

"어제 새벽 2시까지 직원들 독려한다고 회식을 했다. 피곤해서 사우나에 갔다가 조금 전에 들어왔다."라고 말했다. 그에게 책을 건네주며

"책에 휘찬이 이름이 적혀 있어. 괜찮니? 우리는 이제 할머니 할아버지 야! 다 늙었어."라고 말했다. "책에 너의 이름을 밝히고 싶었어."라고 내 마음을 전했다.

내가 배신한 남자

죽기 전에 내 책에 고휘찬 석 자를 세상에 밝히고 싶었다. 그가 얼마나 괜찮은 사람인지 알리고 싶었다. 지금은 H대기업 직장생활 30년 차로 억 대 연봉을 받는 성공한 사람이 되었다. 전국 최우수점포로 능력 있는 사업 가가 되었다. 지금 그 사람의 이름을 밝혀도 죄가 되거나 부끄러운 일은 아 니다. 이제는 아내가 있고 두 아들이 있다. 큰 아들은 취업을 했고 작은아

들은 대학교에 재학 중이다.

"벽면 보드에 적혀 있는 글 사진 하나 찍어도 되나?"라고 말했다.

"어디에 쓰려고?"라고 그가 물었다.

"어디에 쓰는 것이 아니라 글이 좋아서."라고 전했다.

그의 필체는 명필이다. 20세 때 진해시 태백동 10번지 우리 집에 보내주던 편지 필체와 똑같았다. 『나는 책 쓰기로 월 천만 원 번다』에 사인을 해서 전해 주었다.

"이거 너 필체 아니잖아?"라고 물었다.
그는 내 필체를 기억하고 있었다. 군대 생활 2년 동안 내가 보낸 편지를 군복에 넣고 다니며 매일 내 편지를 읽었다고 했다.

내가 그를 여러 번 배신하고 외면해도 그는 나에게 원망 한번 하지 않았다. 이유가 있겠지 생각했다.

우리의 인연의 끈은 20세부터 시작되어 59세가 되어도 어제 만난 사람처럼 편안했다. 그와 사무실에서 함께 웃으며 사진 3장을 찍었다. 그는 말없이 나와 함께 사진을 찍어주었다. **내가 외로울까 봐 가끔 위안이 되라고** 사진을 찍게 내버려 두었을 것이다. 나는 그와 저녁을 먹고 싶었다. 회도 먹고 노래방에 가서 최성수의 노래도 함께 부르고 싶었다. 세월이 지난 지금 가정이 있는 그는 시간을 허락하지 않았다. 하지만 악수를 3번 정도 내가 청했다. 그는 악수를 받아주었다. 내 차 코란도를 그에게 보이고 싶지 않았다. 초등학교 친구 영자가 비꼬듯 내게 말했다.

"차 바꾸라고 안 하더나?"라고 빗대어 말했다.

"차는 어디에 있어?"라고 물었다.
"꽁꽁 숨겨 놨어. 건강하게 잘 지내고 70세에 다시 만나자!"

"그때까지 살아 있을지? 모르겠다!"라고 장난스런 말을 했다.
"그때까지 꼭 살아 있어라!"라고 전했다.

주문한 꽃집을 휘찬에게 알려주었다. 그가 화분을 찾아갔다고 꽃집 언니가 문자를 보내왔다. 언니에게 감사의 문자를 보냈다.

"아름다운 추억 만들어 주셔서 감사드립니다."라고 감사의 마음을 전했다.

25년 만의 뜻하지 않은 방문

다음날 나는 기쁜 마음으로 출근을 했다. 첫사랑을 만난 들뜬 마음도 가라앉기도 전에 오후 6시쯤 전남편이 25년 만에 내 카톡에 들어왔다. 갑자기 내 머릿속이 복잡해졌다. '왜? 왜 들어왔지? 다시 같이 살자고 하면 같이 살까?' 오만가지 생각을 혼자서 다했다. 그러다 그날 3부에 일을 하다가 발을 헛디뎌 왼쪽 발목 인대가 늘어나 3주 진단을 받았다. 일을 하면서 발을 접질렸을 때에는 발목이 조금 아팠다. 일을 마치고 잠을 자려고 하는데 도저히 통증이 심해 잠을 잘 수가 없었다. 그래서 시내에 있는 응급실로 밤 12시에 찾아가 엑스레이를 찍고 약을 받아왔다. 통증이 심한 발을 잡고 겨우 끙끙대며 잠이 들었다. 아침에 일어나 정형외과에 찾아가 엑스레이를 다시 찍었다. 한의원에 가서 침을 맞고 피를 뺐다. 16년 캐디 생활을 하면서 발을 많이 다쳐서 한의원에서 피를 많이 뺐다. 발을 접질렸을 때에는 피를 빼는 것이 상책이다. 침도 맞고 얼음찜질도 했다. 레이저치료도 받았다.

이틀째 한의원에 들러 치료를 받았다. 한의원 옆에서 뽕 열매와 완두콩을 파는 86세 엄마들에게 먹지도 않는 뽕과 완두콩 한 봉지씩을 샀다. 전남편의 뜻하지 않은 방문 카톡 이야기를 했다. "절대 받아주면 안 된다 딱 끊어라!"라고 조언해 주었다. 한의원을 갔다 오는 길에 복국집에서 점심을 먹었다. 식사를 하고 주차장 내에 있는 의자에 앉아 한가롭게 담배를 피우고 있는 76세 두 할아버지에게 물어보았다. "전남편을 냉정하게 끊어라."라고 말했다. 할아버지 한 분은 이곳 시골에 살고 또 한 분은 합천에 산다고 했다. 두 분은 친구로 한 달에 한 번 얼굴을 본다고 했다.

"한 번 배신한 놈은 또 배신한다."

떡 줄 사람은 생각도 없는데 김칫국부터 마시고 있었다. 이제 4개월 후면 60세 할머니가 된다. 나는 영원히 소녀이고 싶다. 아니 철없는 소녀다. 다리를 다쳐 3주 동안 일을 하진 못하지만 『캐디로 5억 벌어 당신의 꿈을 이뤄라』를 쓰며 행복한 시간을 보내고 있다.

> **16년 경력 캐디가 전하는 당신의 꿈을 이루게 하는 힘**
>
> 꿈이 있다면 그 꿈을 향해 활짝 웃어라! 꿈이 있는 곳으로 어깨를 펴고 당당하게 걸어라.

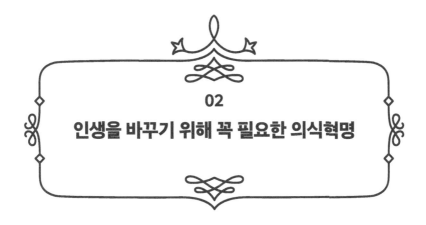

02
인생을 바꾸기 위해 꼭 필요한 의식혁명

내 인생을 송두리째 바꾼 한책협 김태광 대표님

몇 년 만일까? 스승님을 만난지 4년이 지났다. 매일 스승님의 유튜브 영상을 들으면서 생활했다. 자서전 3권을 출간한 작가가 되었다. 4명을 작가로 배출한 책 쓰기 코치가 되었다. 한 달에 900명의 이웃이 방문하는 블로거가 되었다. 1년쯤 세월이 지나 오늘 우연히 스승님의 기도에 관한 영상을 보게 되었다. 기도하는 법을 우리들 에게 그대로 가르쳐 줘도 나는 그것을 실천하지 않았다. 오늘에야 스승님의 말씀이 무엇인지? 그 의미를 알게 되었다. 20세에 처음 만난 나의 운명을 39년이 지난 지금 얼굴을 보고 왔다. 내가 끌어당김으로 그를 만날 수 있었다. 이틀 동안 나는 창원에 개인적인 볼일을 보기 위해 그곳에 있었다. 친구의 사무실은 멀지 않은 5분 거리에 있었다.

성공한 멘토들을 만나 도전정신을 배웠다

캐디 생활을 돌이켜볼 때 내가 오버피를 많이 받게 된 이유는 바로 고객님에 대한 감사하는 마음에 있다. 캐디 생활을 하면서 단 하루도 고객님의 감사함을 잊어 본 적이 없다. 고객님이 있어 지금 내가 작가가 되고 책 쓰기 코치가 되어 살아간다. 은행에서 모셨던 송국헌 감사님 컨트리에서 만난 퇴직하신 석위수 아시아 볼보 회장님, 남필수 사장님, 한정남 사장님 등 나는 많은 성공한 사업가를 만나 함께 라운딩을 할 수 있는 행운을 거머쥐었다.

내가 오래 이곳에서 버틸 수 있었던 이유는 고객님에 대한 감사함 때문이다. 16년을 감사하는 마음으로 오롯이 살았다. 고객님들과 5시간씩 라운딩을 하고 투 타임을 하면 10시간씩 함께 있으면서 서로 마음으로 느낄 수 있다. 사람의 마음은 향수와 같아서 피부에 묻으면 금방 번지게 마련이다. 누구나 그 따뜻한 감사의 마음을 느끼고 맡으며 라운딩을 즐겼을 것이라고 생각한다.

내가 오래 버틸 수 있었던 이유

나는 고객님에 대한 감사의 마음이 특별한 사람이다. 내가 부곡 컨트리를 입사할 당시 내 손에는 단돈 만 원도 없었기 때문이다. 기숙사 동기 김미숙에게 2개월 뒤 빌린 돈 3만 원을 갚을 정도였다. 43세에 캐디교육을 2개월 동안 받고 처음 고객님에게 캐디피 10만 원을 받은 기분은 단돈 만 원이 없었던 사람만이 느낄 수 있는 감동이다. 그 감격의 마음을 아직도 잊지 못한다. 그날 나는 밤새 돈을 잡고 울었다. 나는 16년을 긴장하며 살았다. 43세를 처음 입사시켜 준다는 홍 차장님의 말씀 때문에 항상 긴장하고 최선을 다하려 노력했다.

16년 동안 라운딩 중 고객의 음료를 하루 종일 챙겨준 캐디는 한국에 나밖에 없다고 생각한다. 하루 10시간 동안 단 한 번도 고객님의 물잔을 비운 적이 없다. 냉커피를 비롯해 뜨거운 여름에는 오미자차, 블루베리, 오이 등 내가 할 수 있는 목숨 빼고는 다 드렸다고 생각한다. 16년 동안 내가 라운딩을 나간 고객님의 그린에서의 볼 라이를 4명 다 모두 놓아드린 캐디도 나뿐이라고 생각한다. 그래서 디스크와 협착증이 심하다. 열 손가락의 퇴행성 관절염 통증도 심하다. 1주일에 한 번씩 한의원에 가서 쑥뜸을 뜨고 파라핀 치료를 받고 있다. 조장 정혜화가 내게 말했다.

"언니! 우리도 좀 삽시다! 매일 냉커피를 5시간 동안 채워 드리는 것은 좀 심하잖아요?"라고 투덜댔다.

고객에 대한 끝없는 사랑

16년 동안 나와 라운딩을 나가신 모든 고객님께 버디 용품을 4명에게 다 드렸다. 그래도 아깝지 않았다. 모든 고객은 내 은인들이었다.

내 책은 물론이고 김승호 회장님 켈리 최 회장님 자청 님의 책 수백 권을 내가 존경하는 고객님께 다 선물했다. 경기과에도 수시로 한라봉과 천혜향을 박스로 선물했다. 캐디 배치실에도 한라봉, 천혜향, 수박을 수시로 박스 채로 놓아 두었다. 경기과 사무실에 필요한 음료 컵과 커피를 박스로 사서 자주 드렸다. 여름에는 3만 원이 넘는 목에 거는 선풍기를 경기과 전 직원 4명에게 걸어주었다. 사장님과 이사님이 경기과에 수시로 제철 과일을 박스로 책상 위에 놓아 두었다. 일을 내게 준 동생들과 조장들에게도 설날 추석마다 버디 용품과 천혜향을 박스로 주었다. 부곡에 있는 5곳이 넘는 노인정과 부곡 119구급대에 수시로 제철 과일을 갖다주었다. 모두 나의 감사하는 마음의 크기만큼 선물을 했다.

내 꿈을 종이에 적어라 그대로 이루어진다

오늘 스승님의 유튜브 영상을 들으면서 내 꿈을 종이에 적어보았다. 다리에 깁스를 한 채로 내 소망을 종이에 적어 지갑에 넣었다. 대구에 있는 연기학원 수업을 마치고 지하상가에 워킹 연습을 하러 가기 전 인생무상 철학관에 문을 두드렸다. 70세 할아버지가 앉아 있었다. 할아버지는 30년 동안 이곳에서 일했다. 나의 사주를 보고 "6월에 다리를 다칠 수 있으니 조심하라."라고 했다. 할아버지 말대로 6월 1일에 다리를 다쳐 깁스를 하고 있다. 할아버지는 내 사주가 좋은 사주라고 했다. 지금까지 살면서 100번은 나의 사주를 봤다. 내 운명이 궁금하고 내 미래가 궁금해 잘 본다는 서울, 부산, 울산, 마산 등 유명한 점집과 철학관은 다 가보았다. 할아버지에게 철학관 이름을 남의 운명을 알려주니 '운명'으로 바꾸라고 조언했다.

유튜브로 돈버는 시대가 도래했다

요즘은 유튜브로 돈 버는 시대다. 보살님들이 유튜브에 전화번호를 올려 고객을 만나는 시대가 열렸다. 나도 책 쓰기를 원하는 고객을 나의 책과 유튜브를 통해 만난다. 다리가 조금 나으면 철학관 할아버지에게 유튜브도 가르쳐 드리겠다고 했다. 이제는 아날로그 방식으로 세상을 살 수 없다. 유튜브로 온 세계와 연결되어 있다. SNS를 통해 세상에 나를 알리고 나를 찾게 만들고 블로그를 통해 소통하는 시대가 열렸다. 영상과 글을 통해 타인의 생각을 배우고 깨닫는다. 나도 도전해 봐야지 하는 결심을 하고 삶의 변화를 모색하게 된다.

나의 사소한 글 한 구절이 누군가의 삶을 바꾸고 내 삶도 함께 바꾸는 윈

원 하는 시대가 되었다. 나의 지혜와 지식이 모두 내 것이 아님을 알고 세상과 나누어 세상을 변화시키는 나비효과의 진정성을 증명하는 시대가 되었다. 우리는 모두 선한 영향력으로 서로를 변화시키는 위대한 사람이 되었다. 내가 나를 사랑해야 할 이유다. 우리는 모두가 위대한 사람들이다.

나는 아침에 일어나 매일 성공 확언을 적고 200억 원 재산가 김태광 대표님의 『하루 10분 필사의 힘』을 필사하고 김태광 대표님의 아름다운 시를 필사한다. 해도 해도 늘지 않은 영어 공부를 5분하고 켈리 최 회장님의 책 『100일 아침 습관의 기적』을 5분 읽는다. 4년 동안 스승님의 가르침대로 아침 루틴을 지키고 있다. 나는 4년 동안 엄청난 인내를 키웠다. 39년의 직장 생활을 통해 엄청난 실행력을 키웠다. 나는 남다른 직감을 가지게 되었다.

장미 여성 전용 골프장 사장이 되기로 결단했다

나는 장미로 만든 여성 전용 골프장 사장이 되기로 결심했다. 골프장을 짓기 위해 끌어당김의 법칙과 우주의 법칙을 통해 설립자금과 투자자를 끌어당기고 있다. 한국에도 훗날 머지않아 김승호 회장님과 켈리 최 회장님의 골프장이 지어지길 염원하고 있다. 캐디 생활로 알고 있는 골프장 사장님은 3명 정도다. 직접 골프장을 지을 수 있는 노하우를 가진 사람과 연결되어 있다. 내가 아는 지인은 현재 부도난 골프장도 몇 개 알고 있다.

현재 이 직장에 일하고 계신 골프장 정 회장님께 골프장의 모든 것을 배우기로 결심했다. 정 회장님의 골프장 운영에 관한 모든 노하우를 책에 담아 드리고 싶다. 나는 누군가의 삶을 책에 담아 주는 소명을 가지고 있다. 3번이나 죽음의 문턱까지 갔다 왔기 때문에 삶의 귀중함을 누구보다 잘 알고 있다. 실패의 경험과 사랑의 고통을 통해 삶의 진정한 의미도 잘 알고 있다. 나는 가끔 회사 식당에 식사를 하기 위해 오신 회장님이 벗어놓은 운동화 사진을 찍는다. 카트 세차장에 화분에 심어놓은 편백나무를 사진에 담았다. 지치지 않는 회장님의 열정을 배우기 위해서다. 직장에 함께 일한다는 것만으로도 힘이 솟는다. 정 회장님께 책을 쓰라고 말했다. "나는 글을 못 써. 열심히 해!"라고 말했지만 6년 동안 나를 지켜 본다면 언젠가 정 회장님의 책을 남기고 싶을 것이다.

회장님은 현재 골프장 밑에 공원을 만들고 있다. 가보지는 않았지만 어린아이처럼 별, 해, 하트 등을 시멘트로 조각품을 만들어 햇볕에 말리고 있다. 그것을 공원에 세울 예정이다. 공원에는 블루베리가 주로 열려 있다고 했다. 나는 정 회장님이 골프장내 코스에서 농약을 치고 벗어놓은 장화를 가끔 씻는다.

우리는 무엇으로 사는가?

우리는 무엇으로 사는가? 나는 꿈과 야망으로 살아간다고 생각한다. 그 야망과 꿈을 이루기 위해 70년을 죽을힘을 다해 산다고 생각한다. 80세가 지나면 빈손으로 이 세상을 떠날 마음의 준비를 할 시점이다. 나는 골프장 캐디 16년을 통해 인생이 무엇인지를 열 손가락의 통증과 디스크 3개가 내려앉은 고통을 두 달에 한 번씩 뼈 주사를 맞으며 알게 되었다. **고통이 없는 것은 인생이 아니다.** 이 고통 때문에 내가 오늘도 살아가고 있다. 8남매가 아프지 않고 살아감에 감사한다. 유나와 그 가족들이 건강함에 감사한다. 가족들이 건강함에 내가 이렇게 자유롭게 살아가고 있다.

지금은 딸 유나가 대학 공부를 마치고 결혼을 했다. 이제 내 꿈을 향해 내 야망을 향해 20년을 달려갈 때다. 나는 나를 뛰어넘는 성장과 자기 계발을 위해 힘쓸 것이다. 가족들은 나를 이해하지 못한다. "연기학원을 왜 다니는지? 모델 학원은 왜 가는지?" 큰언니가 묻기도 했다. 하지만 자기 계발을 위해 살아가는 역행자들은 조금은 이해할 것이다. 이웃들이 나의 블로그를 통해 야망을 배우고 큰 꿈을 꾸며 하루하루 성장함에 짜릿함을 느낀다.

10년 후 여성 전용 장미골프장을 운영하고 있는 나의 모습을 상상하고 현실로 이루어진 것처럼 감정을 느끼며 하루하루 감사함 속에 살아가고 있다. 나는 나의 삶을 진정으로 사랑하고 오늘도 살아 있음에 감사하며 살아가고 있다.

나는 나에게 반해 살아 가고 있다

나는 지금의 내가 좋아서 5자매 카톡방에 나의 사진을 자주 올린다. 나에게 반해서 나에게 취해 사는 것이다. 그만큼 자존감이 높아졌다. 나 자신을 열정적으로 사랑하고 있다. "나는 내가 이 세상에서 제일 예쁘다!" 기숙사를 함께 쓰는 김효은 동생과 삶은 달걀 5개를 집에서 가지고 온 김치와 맛있게 먹었다. 피로회복을 위해 산 오렌지 원액과 새싹보리를 물에 타서 마시며 깔깔거리고 있다. 지금이 내 생애 가장 행복한 날이다.

> **16년 경력 캐디가 전하는 당신의 꿈을 이루게 하는 힘**
>
> 우리가 세상에 태어난 이유는 자신이 원하는 것을 창조하며 즐겁게 살기 위함이다.

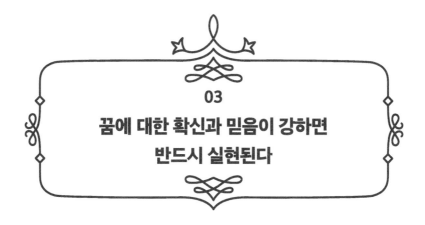

꿈에 대한 확신과 믿음이 강하면 반드시 실현된다

부단히 성공에 대해 공부하고 연구하라

시간은 미래에서 현재로 흐른다. 나는 계획을 잡으면 다 이룬 것의 과정이라고 생각한다. 꿈을 종이에 적는 순간 모든 꿈은 이루어졌다고 생각하는 사람이다. 어려움 속에서도 항상 밝은 빛을 생각했다. **내가 소망하는 것이 다 이루어진다는** 것을 나의 작은 성공을 통해 깨닫게 되었다. 삶의 과정속에 사람이 사람의 마음을 할퀴고 상처 내고 상처 난 그곳을 헤집는다는 사실도 많이 경험했다.

25년 전 나는 단돈 만 원도 없던 사람이었다. 돈이 생기면 카드 빚을 메우는 데 급급한 사람이었다. 15년 동안 다닌 은행을 위한다는 마음에 은행 주식에 퇴직금 1억 원과 전 재산을 투자해 주식투자 실패로 신용불량자가 되었다. 하지만 내 몸이 건강해서 가진 것은 없어도 두려움은 없었다. 엄마 아버지의 성실함을 8남매가 똑똑히 보며 살아왔기에 그 누구도 인생을 허

투루 사는 가족은 없다.

큰언니 문은주가 내게 준 인생의 힌트

　나는 캐디라는 직업을 큰언니로 인해 알게 되었다. 서울에서 태어난 형부의 바람으로 큰언니 문은주는 25세에 이제 막 태어난 손가락이 인형 같은 조카 윤희와 2세 상희를 서울에서 내려온 시부모님까지 모시고 혼자 두 아이를 키웠다. 시부모님이 언니에게 미안했던지 서울로 올라가면서 두 아이를 눈물로 키웠다. 조카들이 초등학생 때 33세 큰언니는 캐디라는 직업을 선택했다. 7년을 일하는 동안 고객님의 백을 어깨에 짊어지고 일하는 원 백이었으니 고통이 어마어마했다.

　사람은 죽으라는 법은 없다. 40세가 넘어 큰언니는 캐디 일을 그만두고 농협마트에서 김치를 파는 일을 했다. 물량이 많을 때에는 사람을 두고 일을 할 만큼 힘이 들었다. 몇 년 후 55세에 두 다리에 쇠를 박는 수술을 하면서 직장생활을 그만두게 되었다. 큰언니는 캐디로 두 딸을 대학까지 공부시킬 수 있는 돈을 마련할 수 있었고 돈을 모아 전세금을 늘려 갈 수 있었다. 농협에서 김치를 치대어 팔아 노후 자금을 마련할 수 있었다.

　큰언니는 잘 먹지도 못하고 자랐다. 야간고등학교를 다니면서 장갑공장에서 일을 했다. 하지만 큰언니 문은주는 키가 크고 그 누구보다 옷맵시가 예쁘고 세련된 사람이었다. 오죽하면 핸섬하고 멋있는 서울 사람과 결혼을 했겠는가? 형부 이광용 역시도 연예인처럼 매력이 철철 넘치는 멋진 남자였다. 내가 인정할 정도다. 23세 결혼할 때까지 나와 불도 때지 않은 냉골방에서 큰언니와 나는 잠을 잤다. 고등학교 졸업할 때까지 꽁보리밥과 김치만 먹었다. 가끔 무밥을 먹기도 했다. 어떨 때에는 김치에서 구더기가 끓기도 했다. 그것을 젓가락으로 엄마가 꺼내주었다. 꺼낸다고 구더기 알 들이 없어지는 것은 아니다. 그 정도로 우리는 가난하고 빈약했다. 매일 매일 큰언니와 덜덜 떨며 부둥켜안고 잠을 잤다. 방은 시베리아 벌판이었다.

아버지는 딸 다섯 명 중 큰언니에게 가장 냉대했다. 언니가 23세 가장 예쁠 때 그날은 봄날이었다. **살구꽃들이 발그레 신부 화장을 한 듯이 피어나고 벚꽃들이 진해 군항제에 들뜨듯 엉덩이가 들썩거릴 때** 큰언니는 친구들과 꽃 구경 갔다가 늦게 집에 들어왔다.

어린 날의 초상화

아버지는 화를 내며 신고 있던 물 묻은 더러운 장화를 예쁜 아이보리 원피스를 입고 있던 언니에게 그대로 던져버렸다. 큰언니는 착해서 아버지에게 반항도 하지 못한다. 작은언니와 나였으면 아버지한테 화를 냈을 텐데 지금껏 살면서 단 한 번도 아버지에게 대꾸를 하는 것을 보지 못했다. 큰언니는 엄마와 아버지한테 만큼은 순진하기 짝이 없는 사람이었다.

가끔 지금도 큰언니는 딸 다섯이 모이면 얘길한다.

"그 없던 시절에 8남매 가족들이 뿔뿔이 안 흩어진 게 어디고? 엄마 아버지한테 감사해라!"라고 말한다. 맞는 말이다. 그때 그 시절에는 못 먹고 살아서 외할아버지는 엄마를 부산에서 시골 산청 묵곡까지 16세에 엄마를 나이 많은 아버지에게 시집을 보냈다.

그때 언니의 집은 재래식 변소와 담도 높지 않은 마당이 넓은 셋방에 살았다. 방문은 부실하기 짝이 없었다. 새벽 4시에 아침상을 차려놓고 아이들을 깨워 머리를 묶어주고 출근을 하면 나는 조카들이 학교 갈 시간에 깨워 밥을 먹이고 진해 경화동에서 마산 창동에 있는 은행 본점으로 출근을 했다. 조카들이 고등학생이 되고 대학생이 될 때까지 큰언니 집에서 8남매가 모여 피자를 먹는 날이 부지기수였다. 큰언니가 회사를 마치고 오면 그제야 함께 둘러앉아 맛있게 저녁을 먹었다. 그때는 형부도 없고 가정형편이 어려웠지만 내 인생에서 가장 행복한 순간이었다.

큰언니는 살면서 외식 한 번 한 적이 없다. 두 딸을 대학까지 공부시켜야 했기에 돈을 함부로 쓸 수 없었다. 7남매 가족들에게 단돈 만 원도 빌려 본 적이 없다. 지금은 두 딸이 중학교 국어 교사와 강남지점 은행원 과장으로 결혼해 아이도 낳고 아파트도 샀다. 큰언니는 손자 손녀를 키우는 재미로 살아가고 있다. 1년에 두 번 정도 해외여행을 가는 멋쟁이 사모님이 되었다. 나는 큰언니 **문은주에게 삶의 힌트를 얻어 모든 꿈을 이루었다.**

나도 캐디가 되어 2개월간의 교육을 마치고 번호를 받았다. 다음 날부터 8년 동안 1년에 단 5일만 휴가를 냈다. 7월 7일 엄마 제삿날 가족들이 모이는 그날에 맞추어 쉬었다. 매일 두 번 일하는 투 타임을 해도 힘들지 않았다. 일을 마치고 나면 화장을 지우고 세수만 하고 잠시 눈만 감았다가 출근해 선발 제일 먼저 일하는 사람과 번호를 바꿔 일을 하기가 일쑤였다.

상사가 내게 말했다.

"문수빈씨! 아무리 돈도 좋지만 잠은 자야 하지 않겠습니까?"라고 상사가 충고를 했다.

더운 여름에는 두 번 일하는 투 타임을 여름 내내 하지 못하게 했다. 나이도 많은데 쓰러질까 봐 잠시 쉬게 했다.

하지만 나는 1년의 유나의 미국 유학비를 감당하기에는 쉴 수도 아플 수도 아파서도 안 되는 철인이 되어야 했다. 내 몸은 나의 욕망을 알아주지 않았다. 디스크 통증과 협착증은 나를 가만두지 않았다. 차마 사람이 감당할 수 없는 고통이었다. 일을 하면서 카트에 몸을 기대고 생각했다.

"이러다 죽으면 어쩌지?"라고 생각했다. 무거운 몸을 이끌고 하숙집 대문 앞에서 더 이상 꼼짝달싹할 수 없는 왼쪽 다리 허벅지 뒤의 찌르는 고통을 참으며 그 자리에 주저앉았다.

고통 뒤에 찾아온 행복

수없이 많은 밤들을 눈물을 삼키며 울었다. 하지만 고통의 세월은 언젠가는 지나가듯이 지금 딸 유나는 미국 유학을 마치고 돌아와 중국 풀만호텔을 비롯해 현재는 강남에 있는 호텔에서 책임자로 일하고 있다. 10년 동안 만난 첫사랑 이경식과 결혼해 행복한 삶을 살아가고 있다.

큰언니의 힘들었던 삶에 비하면 내 삶은 아무것도 아니다. 지금은 모든 근심 걱정이 사라지고 행복한 생활을 하고 있는 큰언니 문은주를 보면서 존경의 마음을 전한다. 큰언니는 나의 엄마나 마찬가지다. 7남매를 다 키웠다. 지금은 8남매가 모두 결혼해 아이들을 낳고 안정된 생활을 하고 있다.

마음은 날고 있고 뛰고 있지만 다리 인대가 나의 발목을 잡는다. 하지만 단 하나 내가 알고 있는 것은 시간은 미래에서 현재로 흐른다는 것이다. 나는 내 꿈을 다 이룬 끝에서 시작한다. 꿈은 포기하지 않는 한 꼭 이루어진다는 사실을 나와 큰언니를 통해 알게 되었다. 자신이 포기하지만 않는다면 모든 꿈은 이루게 된다.

　"꿈을 꾸는 순간 모든 것은 다 이루어진 것이나 다름없다."

16년 경력 캐디가 전하는 당신의 꿈을 이루게 하는 힘

자신의 상황을 받아들이는 사람이 아닌 상황을 바꾸는 사람이라고 여겨라.

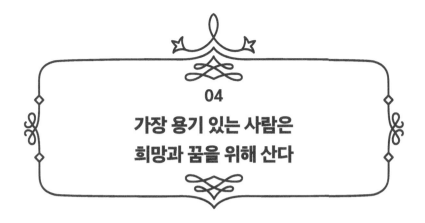

04
가장 용기 있는 사람은
희망과 꿈을 위해 산다

꿈을 향해 달려가는 사람들

2주 전 왼쪽 다리 발목에 인대가 늘어나 3주를 쉬라는 진단을 받았다. 3주를 쉴 생각이 애초부터 없었다. 경기과에 3일을 쉬겠다고 병휴를 신청하고 3일 뒤 다리 보호대를 두 개를 두르고 새벽 4시에 출근해 셀프카트 14대를 혼자 1시간에 걸쳐 올리고 회사 곳곳에 쓰레기를 비우고 화장실 청소를 했다. 골프장 내 쓰레기를 1시간 동안 줍고 오전 9시 라운딩과 오후 7시 라운딩 투 타임을 했다. 다음날 비 오는 날 비를 맞으며 서울에서 내려온 두 팀을 친구와 함께 나갔다. 친구는 두 번 일하는 투 타임을 비를 맞으며 10시간을 힘들게 일했다. 비가 오면 일을 평상시보다 두 배는 더 많이 해야 한다. 볼을 매 순간 닦아야 하고 수건이 10개여도 부족하다. 빗속에서 네 사람의 볼이 어디로 가는지 봐야 하고 미끄러운 빗길을 조심조심 운전해야 한다. 그런 고충이 있기에 비가 오는 날에는 당장 돈이 급한 사람 말고는 일을 남에게 미루고 쉬려고 한다.

비 오는 날 미끄러지거나 다치면 한 달 힘들여 일한 돈을 다 날리는 경우가 허다하다. 한 달 400만 원에서 500만 원을 버는 데는 다 이유가 있다. 위험에 노출되어 내 목숨을 담보하기 때문이다. 나는 두 달 가까이 갈비뼈에 금이 간 상태로 일을 한 사람이다. 여간한 일은 겁을 내지 않는다.

양산에서 부곡으로 출근하는 길에 고속도로에서 코너를 돌고 오는데 차들이 정차되어 있었다. 100km로 달리는 속도를 늦출 수가 없었다. 순간 그 찰나에 다른 차선으로 차를 꺾을까? 하는 생각을 잠시 했다. 그대로 앞차를 박았다. 내차 앞 범퍼에서 연기가 났다. 앞차는 종이를 구겨놓은 듯이 망가졌다. 119와 경찰을 불러 사고를 수습하고 앞 운전자의 안전을 확인했다. 다행히 목만 삐었을 뿐 부상은 없었다. 그래도 병원에 입원 치료할 것을 권했다. 나는 갈비뼈를 다쳐 병원에 가서 엑스레이를 찍었다. 부산에 있는 병원에 입원해 회사 상사에게 전화를 걸었다.

"교통사고로 갈비뼈에 금이 가서 휴가를 좀 쓰겠습니다. 차 사고 현장 사진을 보내드렸습니다."라고 상사에게 보고했다.

"직장을 정리하시죠?"라고 다짜고짜 내게 말했다. 내가 얼마나 다쳤는지는 궁금하지도 않았다. 그 말을 듣고 바로 입원을 취소하고 병원을 나와 다음 날 바로 출근했다. 갈비뼈에 금이 간 채로 두 달을 가슴을 부여잡고 일을 했다. 기침이라도 나올라치면 죽을 맛이었다. 통근 치료를 하며 회사를 다녔다. 사람이 얼마나 다쳤는지? 직원을 걱정하는 것이 아니라 나를 밀어내는 데에만 급급했다.

내 인생 새로운 도전

전 직장에서 대구까지 연기학원을 가는 시간은 똑 같았지만 그때는 연기학원을 갈 생각을 못했다. **사람은 배워야 할 때**가 있는가 보다. 지금 내 나이가 되어 강남에서 18년 동안 연기자를 키운 정주연 원장님을 만나 **연기자와 시니어 모델**에 도전하게 되었다. 내 인생 마지막 멘토이자 세 번째 대운을 맞이하게 되었다. 곰탕집 박순자 엄마는 이제는 작게 벌더라도 안전한 일을 하라고 충고했다. 하지만 월 400만 원을 벌던 사람이 200만 원을 벌고 살기에는 욕심을 접을 수가 없다. 체력이 되지 않으면 그것을 포기할 수 있지만 아직 나는 투 타임을 할 수 있는 체력이 되고 세계여행을 하기 위해 돈이 많이 필요한 사람이다.

꿈을 향해 달리는 야생마

이곳에 근무하는 언니는 자신의 꿈을 향해 노인복지사 자격증을 취득했다. 한 달에 한 번씩 골프를 즐기고 있다. 또 한 언니는 쉬는 날에는 헬스장에 가서 체력을 다지고 요가를 통해 마음을 다스리는 나만의 시간을 즐기며 살아가고 있다.

지금껏 사는 동안 얼마나 많은 삶의 고통과 어려움이 있었을까? 우리는 모두 크고 작은 마음의 상처들을 안고 살아가는 상한 갈대들이다. '누가 조금 더 깊은 상처를 안고 있느냐?'의 차이일 뿐 이 산속 깊숙이 기숙사에 살아가고 있는 5명의 사연 많은 우리는 오늘도 희망찬 내일을 위해 고삐 풀린 야생마처럼 끝없이 질주하고 있다.

산 속에 남아 책을 쓰는 이유?

내가 이곳 산 속에 남아 책을 쓰고 있는 이유는 무엇일까? 내 인생을 바꾸기 위해서다. 어제는 부산 정형외과 의사에게 '책은 안 쓰세요?'라고 문자를 보냈다. 돌아온 답장은 '준비하겠습니다'였다. 하지만 눈코 뜰 사이 없는 병원 생활과 매일매일 쏟아져 들어오는 환자들을 감당하면서 책을 쓴다는 것은 쉬운 일이 아니다. 어떤 확고한 이유가 없이는 책을 쓸 시간을 만들지 못한다. 고등학교 3학년 학생이 코딩으로 돈을 번다고 블로그에 나와 있다. '책을 써 보라'라고 문자를 보냈다. 고등학교 3학년의 인생 목표가 100억 원을 버는 것이라고 했다. '코딩의 지식과 기술로 미국 하버드대학을 지원해 보라'고 문자를 보냈다. 하지만 인생은 자신의 선택이다. 누가 책을 쓰라고 한다고 책을 쓰는 것은 아니다. 절박함이 없으면 책은 절대 그 누구도 쓰지 않는다.

어느 날 '책 쓰기 수업료가 얼마냐?'라는 문자가 들어와 있었다. 수업료를 알려주고 전화를 해도 전화를 받지 않았다. 그냥 문자를 보내본 것이다. 대구에 사는 49세 여자분은 책을 쓰고 싶다고 장문의 문자를 보내왔다. 하지만 수업료를 듣고 감감무소식이다. 인생을 바꾸고자 하는 데는 이유가 있다. 현실을 탈피하고자 하는 강한 욕망과 죽음의 고비를 겨우 넘기고 생명이 붙어 있는 사람은 책 쓰기 수업료가 수천만 원이 넘어도 책을 쓰고자 하는 욕망이 크다. 그만큼 책 쓰기는 절절함이 뒷받침되어야만 가능한 일이다.

숨만 쉬면 할 수 있는 직업

나도 3번의 교통사고로 삶과 죽음을 넘나들었기에 수천만 원의 수업료를 감당하고도 아깝지 않았다. 나는 책 쓰기를 통해 월 천만 원을 벌 수 있는 사람이 되었다. 책 쓰기 코치는 걸을 수 있는 힘 아니 숨 쉴 수 있는 힘만 있다면 누구나 죽을 때까지 할 수 있는 직업이다. 스승님이 200억 원 재산가가 되셨듯이 돈을 쫓지 않고 책을 꼭 쓰고자 하는 사람들에게 희망을 안겨준다면 10년이 지난 뒤 나도 스승님의 뒤를 따라 남들이 범접할 수 없는 내가 되어 있을 것이라 확신한다. 만나는 사람들 마다 내 명함을 전달하고 내 유튜브 영상을 통해 한 명 두 명 나를 찾다 보면 나도 언젠가 찬란한 인생길이 열릴 것이라고 생각한다.

연기 8주 차 수업을 받았지만 59년 인생 경험이 쌓여 있고 10가지 직업을 경험한 사람으로 무슨 역할이든 해낼 수 있는 자신감이 있다.

진짜 살아낸 인생 연기자

16년이라는 시간 동안 나는 캐디로 체력을 다져왔다. 연기자와 시니어 모델이라는 직업이 체력으로 승부를 거는 것이 아니라 숨은 끼로 승패가 판가름 나는 직업이므로 남보다 조금 더 노력하고 연습하고 연구해 문수빈이라는 한 인간을 더 높이 변모시키는 데 힘쓸 것이다.

나는 **도전이라는 가솔린**을 통해 내 인생 70년을 더 멋지게 살아내고 싶다. 남의 인생을 변화시키는 것이 꼭 큰 변화를 일으키는 것만이 변화가 아니다. 한 달에 900명의 이웃이 나를 쳐다보고 나의 글을 읽고 자신의 삶을 한번 돌아보고 다시 재도전 해 보게 하는 것 그것이 변화의 시작이자 끝이라 생각한다.

인생은 살만한 것이다. 한 달 만에 양산 우리 집에 가서 **전남편의 프러포즈 편지** 두 개를 가지고 회사 기숙사로 돌아왔다. 직원들은 양산집에 가지 않는 나를 의아해했다. 나는 이 직장에 있는 것이 좋다. 골프장 내 옥상 건물에 있는 벤치에 앉아 4번째 책을 쓰고 있는 나를 진정으로 사랑한다. 나는 책을 쓰고부터 23세 때 느꼈던 하늘을 찌르는 자존감을 다시 찾게 되었다. 나를 더 사랑하고 나를 더 존중하게 되었다. 나의 꿈 터 이 골프장을 더 사랑하게 되었다. 나는 골프장 캐디가 되어 두 번째 대운을 맞이한 사람이다.

> **16년 경력 캐디가 전하는 당신의 꿈을 이루게 하는 힘**
>
> **가난에 쫓기는 사람은 마음의 여유가 없어 창의적인 사고를 할 수 없다.**

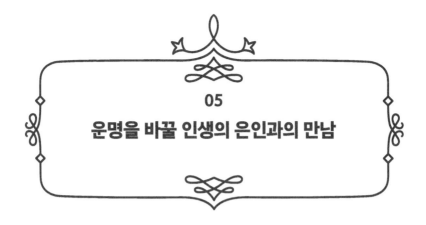

05
운명을 바꿀 인생의 은인과의 만남

캐디의 본분 친절과 안전

캐디 생활 16년 동안 내가 가장 중요하게 생각하는 부분은 친절과 안전이다. 캐디로 많은 돈을 벌 수 있지만 자신이 **안전하지 않으면 말짱 도루묵이다.** 캐디 생활을 하면서 사고로 얼굴 안면이 다 망가져 보통 사람들이 할수 있는 생활을 못하는 사람도 있다. 한쪽 눈이 실명되고 뱀에 물려 죽은 사람도 부지기수다. 골프장에 사고가 나면 많은 금전적 타격을 입기 때문에 쉬쉬하는 경향이 많다. 위험에 노출되어 있는 것은 기정사실이다. 그것을 은폐하거나 숨기려는 습성이 있다.

중요한 것은 골퍼들과 캐디의 주의와 협력이 무엇보다 중요하다. 사람의 목숨은 한순간이라서 아차! 하는 순간 사람의 힘으로 어찌 할 수 있는 일이 아니다. 나도 1분만 더 천천히 뛰었다면 한 달 동안 깁스를 하지 않아도 됐다. 이렇게 돈을 벌고 싶어 안달하지 않아도 됐다. 조금만 조심했더라면 하는 후회가 남는다.

아름다움을 아는 여자 오영은

전 직장에 오영은 동생이 있다. 동생은 메이크업을 아주 잘한다. 집도 예쁘게 꾸밀 줄 알고 남들과는 사뭇 다른 동생이다. 머리카락이 아주 길어 매일 밤 30분간 웨이브를 만들고 잠을 잔다. 자신을 세상에서 가장 아름답게 가꿀 줄 아는 동생이다. 하지만 동생에게는 아주 잦은 사고가 많았다. 물통에 온수를 데우는 과정에서 손을 데이는 경우가 허다했다. 야마 카트를 운영할 때 다리가 카트에 끼여 다리가 온통 멍이 들고 상처투성이가 되었다. 그래서 병휴가 많았다. 어느 날은 서 코스 2번 홀에서 고객님 옆에 잠시 서 있던 실수로 고객님이 휘두른 아이언에 눈만 안 맞았지 바로 정통으로 얼굴을 맞아 한 달 가까이 병원 신세를 져야 했다. 회복이 되는 데 엄청난 시간과 돈이 소요됐다.

동생은 코로나 주사를 한 번도 맞은 적이 없다. 코로나 주사를 맞아 쇼크로 사망한 사람들을 보고 혹시나 그런 불행이 동생에게 닥칠까 봐 주사를 맞지 않았다. 수시로 코로나가 걸려 회사를 3개월은 쉬었을 것이다. 그만큼 겁이 많은 동생이었다.

송국헌 감사님과 천사 조정희를 만나 행복한 인생

동생 조정희는 5년 전 3부 저녁 7시 라운딩 중 고객님이 한 번 더 치겠다는 소리도 없이 드라이버샷을 동시에 두 번 날려 쌩크가 나서 정희 왼쪽 손목에 그대로 정통으로 맞았다. '탁' 하는 소리와 함께 왼쪽 손가락 전체 뼈가 산산조각이 날 만큼 큰 사고를 당했다. 다행히 6개월간 재활치료와 고객님의 보험처리로 6개월 동안 정희가 버는 월 수입금과 치료비를 보상해 주는 좋은 분을 만났다. 왼쪽 손에 철심을 많이 박았다. 지금은 손이 회복되어 캐디로 일하고 있다.

인생을 살아가면서 은인을 만난 경우는 많다. 은행에서 모셨던 송국헌 감사님과 조정희 동생이 내 인생 59년을 통틀어 가장 소중한 은인이다. 나의 모든 대소사를 챙겨준 은인이다.

다시 태어나도 두 번 다시 만나지 못할 은인들이다. 사람이 살면서 인생을 바꿀 만큼 남의 인생을 챙겨주는 사람을 만나기란 쉽지 않다. 그런데 나는 송국헌 감사님과 천사 조정희 두 사람의 은인을 만났다. 정말 나는 행운아다.

우리가 지켜야할 소중한 가치

우리가 살아가면서 지켜야 할 소중한 가치는 뭐니 뭐니 해도 **감사함**이다. 눈물이 핑 돌 만큼의 감사함, 감동, 감사하는 마음을 가지는 것이 삶의 가장 소중한 가치라고 생각한다. 내가 잘나서 나 혼자의 힘으로 내가 이런

호사를 누리는 것은 아니다. 나와 함께 곁에서 살아가는 지인 가족 동반자가 있기에 내가 발을 땅에 딛고 굳건히 살아가는 것이다.

내가 숨 쉬는 이유 내 딸 유나

내 딸 유나가 있고 8남매 가족이 있고 송국헌 감사님과 조정희가 있어 내가 오늘도 아름다운 세상에서 숨을 쉬고 꿈을 꾸고 야망을 향해 한 발 한 발 나아갈 수 있는 것이다. 나는 소속감에 대한 집착이 심하다. 집보다 회사에 있는 시간을 더 좋아한다. 회사에 남아 책을 읽고 유튜브 영상을 찍어 업로드한다. 블로그에 한 달에 900명의 이웃이 들어오는 기적 같은 일에 감사하며 외국에 살고 있는 한국인들이 내 블로그에 가끔 방문해 주어 영문으로 번역해 글을 올리고 있다.

꼭 내가 일하지 않더라도 더 믿음직하고 똑똑한 사람에게 위임하여 자유로운 몸으로 여행하며 살아갈 날을 꿈꾸고 있다. 다리를 다쳐 쉬고 있는 시간이 한 달이다. 시간이 많아 켈리최 회장님이 읽어보라고 한 책 『거인의 힘 무한능력』도 읽으며 거인이 되기 위해 잠룡의 시간을 보내고 있다. 나는 현재 연기자와 시니어 모델에 도전했다. 연기 수업은 강남에서 18년 동안 연기자를 양성한 정주연 원장님에게 배우고 있다. 모델수업은 10년간 모델로 활동한 이설 강사님께 배우고 있다. 겨우 한 달 수업을 받았지만 수업을 복습하고 연습을 내가 할 수 있는 범위 내에서 하고 있다. 다리를 깁스 한 채로 한쪽 다리로 연습을 하고 있다. 연기는 몸과 입으로 연습할 수 있는 것이다.

파란만장한 나의 인생

꼭 수업 진도를 나가야 능력 있는 연기자가 되는 것은 아니다. 골프도 3 개월 기본 연습이 평생을 가듯이 연기 역시 기본을 잘 닦으면 좋은 연기자로 80세까지 할 수 있다고 생각한다. 정주연 원장님은 내가 39년의 직장생활을 했고 59년을 사는 동안 파란만장한 인생을 살았기에 좋은 감정과 감성으로 연기자가 될 수 있다고 했다. 지금은 자신감이 붙은 상태라고 말하며 잘하고 있다고 격려해주었다.

"칭찬을 해주면 고래도 춤추게 한다." 나라는 사람은 인정해주는 것에 목마른 사람이다. 칭찬 한마디면 죽는시늉까지 하는 사람이다. 내가 송국헌 감사님을 23세에 만나 지금까지 존경하는 이유는 바로 칭찬이다. 송국헌 감사님은 "문양은 뭐든 잘한다. 뭐든 도전할 수 있어. 문양은 할 수 있다. 뭐든 잘해!"라고 36년 동안 내게 말해주셨다. 그래서 나는 세상이 두렵지 않다. 그냥 내 마음이 시키는 대로 **도전하고 실패하고** 또 **도전하고 실패해** 보는 것이다.

결혼을 하고 마산 사택에 쉬고 계신 송국헌 감사님 댁에 전남편과 인사를 드리러 갔다. 아주 작은 피라미 물고기 떼를 몇 마리 넣은 어항을 사서 가지고 갔다. 그때 더운 여름이었다. 수박도 하나 큰 것을 들고 갔다. 갑자기 찾아와 감사님은 당황했다. 그래도 은혜를 입은 분이라 엄마가 돌아가셨을 때에도 누추한 진해까지 와주셨다. 내 결혼식은 마산 문화원 산속에서 했다. 그곳까지 사모님을 모시고 서울에서 마산까지 어려운 걸음을 해주셨다. 감사하는 마음을 전할 길이 없어 남편을 끌고 감사님께 인사를 드리러 갔다. 지금 생각하면 그것 하나 참 잘했다는 생각이 든다.

다 주어도 부족한 마음

내 인생을 바꿔주신 분인데 남편 얼굴은 보여 드리고 인사라도 시켜 드리는 게 예의지 하는 생각이 들었다. 감사님은 나의 경조사를 하나도 빠지지 않고 다 챙겨주신 분이다. 결혼할 때에는 필요한 거 사라고 봉투에 백만 원을 따로 주셨다. 유나 초등학교 들어갈 때 가방 사라고 50만 원을 통장에 입금해 주셨다. 통영에 발령이 났을 때에는 사모님과 통영지점으로 직접 찾아와 수표 50만 원을 주고 가셨다. 작년 유나가 결혼할 때에도 유나에게 축하금을 보내주셨다. 지금은 내 책이 출간될 때마다 수고했다며 30만 원씩 통장으로 송금해 주신다.

사람은 누구를 만나느냐에 따라 운명이 바뀐다

사람은 누구를 만나느냐에 따라 운명과 인생이 바뀐다. 나는 충청도에서 태어나 서울대를 졸업하고 경남은행 창립 멤버로 은행 규정집을 만들고 경남은행 감사와 경남 리스 사장으로 평생을 바쳐오신 송국헌 감사님으로 인해 인생을 송두리째 바꿔 작가로 살아가고 있다. 나는 **송국헌 감사님의 칭찬으로 인생을 바꾼 사람**이다.

23세 때 경남은행 비서실에서 감사님으로 모셨던 상사를 59세가 된 지금도 귀한 인연으로 살아가고 있다.

"송국헌 감사님! 은혜에 감사드립니다! 건강하십시오!"

16년 경력 캐디가 전하는 당신의 꿈을 이루게 하는 힘

마음의 벽에 걸린 어둡고 무거운 그림을 떼어내고 밝고 희망찬 그림을 걸어라.

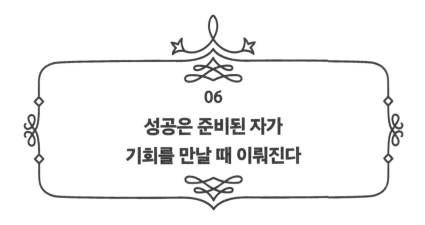

성공은 준비된 자가
기회를 만날 때 이뤄진다

기회는 생각지도 못한 순간에 바람처럼 내게 온다

나는 부곡 컨트리 캐디가 되면서 나의 삶은 버렸다. 단돈 만 원도 없이 이곳에 와서 캐디가 되겠다고 결심했을 때에는 나를 버리기로 했다. 딸 유나를 미국 유학을 보내고 대학을 졸업시키는 데에는 엄청난 돈이 든다. 그래서 나는 아무런 생각 자체를 안 하고 살기로 마음먹었다. 신입생 교육을 두 달 받았다. 20명이 넘는 신입생들이 하나둘 번호를 받고 혼자의 힘으로 돈을 벌고 있었다. 하지만 나는 1월부터 교육을 시작해 3월이 되어서까지 조장들이 번갈아 가며 동반 교육을 시켰다.

그중에 가장 기억에 남는 사람은 서완숙 언니다. 완숙이 언니는 서울 출신으로 서울에서 20세에 이곳 시골까지 와서 캐디가 되었다. 어떤 이유로 여기까지 내려왔는지는 알지 못한다. 13년을 함께 일했지만 개인적인 대화는 단 한 번도 나누지 못했다. 워낙 말이 없는 사람이었다. 고객님의 클럽 백을 어깨에 메고 18홀을 라운딩했던 창립 멤버이기도 했다. 고객님 한 분의 클럽 백을 메고 5시간씩 10시간씩 라운딩을 해야 했다. 배려와 생각이 좀 있는 고객님은 자신이 쓸 아이언을 5개씩 미리 가지고 다니는 고객님도 있었다. 볼을 전부 꺼내어 다른 주머니에 따로 담아 오른쪽 어깨는 백을 메고 왼쪽 손은 고객님이 가지고 온 볼을 들어 무게를 분산해 18홀 동안 산을 걷는 캐디도 있었다. 그 뒤 야마 카트가 도입되어 고객님의 클럽이 담긴 백 4개를 싣고 18홀을 운전하는 카트였다. 야마 카트는 캐디의 몸과 항상 붙어 있어야 한다. 4명의 고객님이 원하는 거리의 클럽을 언제 어디서든 부르면 뛰어가 최대한 빨리 전달해야 한다.

나는 야마 카트부터 라운딩을 시작한 사람이다. 완숙 언니는 010 핸드폰 번호가 나온 지 수년이 넘었는데도 핸드폰 번호가 011이었다. 아주 오래된 접이식 핸드폰을 사용하고 있었다. 회사 밴드를 볼 수 없어 항상 회사에 전화를 걸어 몇 시에 출근을 해야 하는지 당번에게 물어보았다. 나이가 55세가 될 때까지 운전면허를 취득하지 않았다. 차가 없어 항상 직원들의 차를 빌려 타고 새벽 출근을 해야 했다. 직원들에게 필요한 생필품을 부탁해야 했다. 하루에 먹는 음식은 고작 고구마 몇 개였다. 일을 마치면 헬스장에서 운동을 하는 멋진 여자였다. 서완숙 언니의 주 특기는 18홀 동안의 고객 4명의 스코어를 다 암기를 했다.

언니는 35년 동안 번 돈을 우체국에 모두 정기예금을 하는 검소한 사람이었다. 처음 교육을 받았을 때 완숙이 언니에게 오징어 국을 끓여 주었던 기억이 난다. 고단한 두 달의 교육이 끝나고 테스트를 통해 드디어 3월 번호를 받고 일을 하기 시작했다. 마지막으로 교육을 받은 조장은 최영은이었다. 영은이는 내게 말했다.

"언니! 다른 직업을 찾아보는 것은 어때요?"라고 물었다.

캐디라는 직업이 얼마의 돈을 버는지 나는 알지 못했다. 단지 큰언니가 7년 동안 진해 체력 단련장에서 많은 돈을 벌었다는 사실 외에는 아는 것이 아무것도 없었다. 이곳에 기숙사를 배정받을 당시 수중에 돈이 없어 같은 기숙사에 배정받은 김미숙 동생에게 마트에 가서 필요한 생필품을 사기 위해 3만 원을 빌렸다. 미숙이는 나처럼 은행을 다녔다. 이혼을 했고 아이는 없다고 했다. 미숙이에게 항상 고맙게 생각하고 있다.

돈을 번다는 것은 행복한 일이다
하지만 꿈을 번다는 것은 더 행복한 일이다

돈을 번다는 것이 이렇게 행복한 것인지? 얼마 만에 돈을 버는 것인지? 황홀하기까지 했다. 딸 유나를 미국 유학을 보내고 대학을 졸업시키기 위해 마음을 돈독하게 먹고 아무 생각 없이 단지 목표를 향해 앞만 보고 달렸다. 나는 목표를 일단 정하면 엄청난 힘을 발휘하는 사람이다.

"여자는 약해도 엄마는 강하다."는 사실을 나는 알고 있다. 나는 지금까지 살면서 내가 하고자 하는 일을 달성하지 않은 것은 없다. 내가 생각하고 목표한 것은 이루지 못할 것은 없다. 그래서 나는 **내 목표를 보고 나 자신만 믿고 밀고 나가는 실행력**이 엄청난 사람이다.

부곡 컨트리 16년을 다니는 동안 토요일과 일요일은 휴가를 내지 않았다. 8년 동안 매일 두 번 일하는 10시간 대기 시간을 포함해 13시간을 딸 유나의 교육비를 벌기 위해 일만 했다. 8년을 사람이 아닌 몰골로 나를 단 한 번도 돌아보지 않았다. 오직 돈만 벌기 위해 혈안이 되었다. 나 자신을 생각할 수도 나를 위한 인생을 살 수도 없는 사람이었다. 10년간 신용불량자 신세를 모면하기 위해 30만 원씩 매달 10년 동안 갚았다. 그 외 돈은 유나의 생활비, 미국 유학비, 유나의 해외여행 경비, 승무원 준비로 1년 동안 학원비 월 백만 원과 면접 비용을 감당했다.

지금 생각하면 눈물이 핑 돈다. 8년 동안 2시간만 잠을 자고 일을 했다고 하면 남들은 이해할 수 없다고 말한다. 하지만 나는 일을 마치고 나면 세수만 하고 회사 앞 마을 가로등 밑 차 안에서 눈만 잠시 감았다가 일어나 다시 일을 했다고 보면 된다. 3부 막팀을 나가고 다시 새벽 5시 팀을 나가기 위해 새벽 3시 어두컴컴한 산을 혼자 올라가야 했다. 그 무서움과 두려움은 이루 말할 수 없었다. 그렇게 철인의 삶을 8년간 살았다. 그 고통은 엄마라는 이유로 엄마라는 까닭에 내가 감당해야 할 몫이었다.

지금보다 더 행복한 순간이 있었을까?

하지만 이제는 그 긴 어둠의 터널이 지나고 딸 유나가 33세가 되어 결혼도 하고 자신의 보금자리도 인천에 마련했다. 현재 강남에서 호텔리어로 근무한 지 5년 차다. 문수빈의 인생에서 지금보다 더 행복한 순간이 있었을까? 지금도 책을 쓸 때마다 눈물이 쏟아지는 이유는 무엇일까? 험난한 태풍들이 지나가고 내 인생의 은인 문창근이 내 곁에 없고 하늘나라에 있어서일까? 그의 건강을 곁에서 챙겨주었더라면 좀 더 오래 살았을 텐데 하는 아쉬운 마음 때문일까? 피를 토하는 아픔이 몰려온다.

엄마 김수희도 16세에 지리산 밑 함양 산청에 살고 있는 가난한 농부 문정칙에게 시집을 와서 딸 다섯 아들 셋을 낳고 자신의 인생 한번 꽃피우지 못하고 간암 말기로 55세에 이 아름다운 세상을 떠났다. 나는 엄마의 삶을 곁에서 바라보면서 엄마 같은 인생은 죽어도 살지 않으리라 맹세하고 또 맹세했다. 그래서 이혼한 전남편 송덕원에게 딸이든 아들이든 한 명만 낳아 잘 기르자고 했다. 착한 전남편은 비록 자신의 행복과 사랑을 찾아 딸과 나를 버렸지만 나의 생각에 동의해 주었다. 인생은 단 한 번뿐이다. 사람은 태어나 행복할 권리가 있다. 자신의 사랑을 찾을 권리도 있다. 남들은 남편에게 돌을 던질지 모른다. 하지만 나는 아직도 전남편이 33년 전에 내게 보내준 프러포즈 편지를 읽을 만큼 그를 미워하지도 증오하지도 않는다. 나도 사랑을 위해 가족을 버릴 수 있는 여자다.

딸이 대학을 졸업하고 나를 돌아보는 나로 돌아갈 수 있었다. 누구나가 그렇지만 이제는 나를 위해 살기로 했고 나를 위해 살아가고 있다. 나도 행복하고 싶어 결혼정보회사에 등록을 해서 몇 사람을 만나보았다. 하지만 그들은 사람보다 돈을 보는 사람들이었다. 돈과 결혼을 하고 싶은 사람이 대다수였다. 내가 인간성이 괜찮다고 생각한 대구 사람도 연금을 받는 여자를 만나고 싶다고 했다. 나를 사랑해줄 남자는 이 세상에 그 누구도 없다. **나를 사랑할 사람은 오직 나밖에 없다**는 사실을 이제야 알게 되었다.

큰언니는 작년 11월에 빙판길에 넘어져 다리와 허리를 다쳐 두 번이나 수술을 했다. 700만 원이 넘는 병원비를 지불했다. 작은언니 문하성도 골수염으로 다리를 수술해 아직 다리가 아프다. 내 밑에 은숙이는 맏며느리로 아기가 생기지 않아 시험관아기를 선택했다. 검사 결과 염색체 이상으로 몇 번이나 시험관아기를 실패해 아픔과 후유증으로 온몸이 망가질 대로 망가져 평생 골골거리며 살고 있다. 나는 왼쪽 다리 발목 인대가 늘어나 한 달 동안 꼼짝도 못하고 있다. 이 모두가 그동안 고생하며 열심히 살았으니 5자매가 좀 쉬면서 살라고 하는 하늘의 징조라고 생각 한다.

16년 경력 캐디가 전하는 당신의 꿈을 이루게 하는 힘

자기 자신에게 투자하라. 나에게 투자하는 만큼 안전하고 큰 이익으로 돌아오는 것은 없다.

5장

꿈을 향해,
부를 향해 20년 달려라

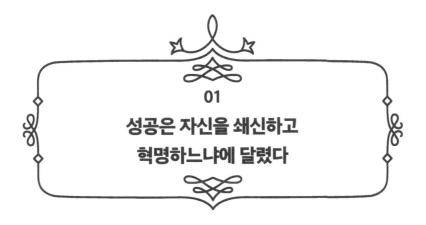

성공은 자신을 쇄신하고 혁명하느냐에 달렸다

양산집에 가면 마음이 나태해져서 책을 못 쓸 것 같고 연기 연습도 모델 워킹 연습도 하지 않을 것 같아 지레 겁을 먹고 이곳 컨트리 기숙사에 남아 이렇게 『캐디로 5억 벌어 당신의 꿈을 이뤄라』의 원고를 쓰고 있다. 오늘 아침에는 5권을 쓸 책 제목과 장 제목, 꼭지 제목을 완성 했다.

언니들이 있어서 내가 이곳 컨트리에서 오랫동안 일할 수 있게 되었다. '강에 빠져 허우적 거리는 걸 살려줬더니 내 돈 보따리 내 놔라.'는 격이 되어버렸다. 내가 그렇다. '일할 수 있어 감사해야 한다! 정신 차리자!' 며칠째 3부 오후 7시 막팀을 나가고 대구 집에서 오전 10시에 기숙사에 도착한 동생 효은이가 내게 말했다.

"게으르다. 게을러." 먼저 동생은 기숙사 거실을 밀대로 민다. 좋아하는 커피를 한잔 끓여 마시고 음악을 틀었다. 감미로운 음악이다. 발 마사지를 하고 다리 교정기를 끼고 30분 정도 교정을 했다. 마지막에 모델 워킹 연습을 10분간 하고 일을 나갔다. 거실도 기숙사에서 유일하게 닦는 동생이다. 평생 동안 새벽 5시에 일어나는 부지런한 사람이다. 그런 동생에게 게으르다는 말을 자주 듣는다. 나는 일이 없으면 아침형 인간이 아니다. 느긋하게 일어나 내 할 일을 하는 사람이다. 나도 부곡 컨트리에서 8년간 매일 2시간 자고 두 번 일하는 투 타임을 한 사람이다. 딸을 다 키웠고 시집을 보냈다. 이제는 조금 느긋하게 내 인생을 즐겨도 된다.

새벽 5시에 일찍 일어나야 부지런한 사람은 아니다. 하지만 성공한 사람들 대부분은 오전 5시 이전에 일어나는 것은 사실이다. 이곳 정 회장님도 새벽 4시 반에 출근한다. 100억 원 재산가나 성공한 사람들이 생각하기에는 새벽 5시에 일어나지 않고는 성공할 수 없다고 생각할 수 있다. **성공은 정신상태에 있기 때문**이다. 하지만 나는 이제 늦잠을 자도 될 만큼의 나이가 되었고 조금 느리게 살아도 탓할 사람은 없다.

이곳 언니들은 다른 골프장에서 서로를 도우며 15년을 함께 일했다. 쓰레기봉투를 깨끗이 씻어 다시 말려 쓸 줄 아는 검소함을 갖췄다. 카트에 끈 하나 묶는 것까지 세심하게 생각하는 사람들이다. 쉬는 날에는 골프 모임에 라운딩을 즐긴다. 힘든 일을 마치면 음악 볼륨을 크게 높여놓고 노래를 따라 부르며 흥얼거릴 줄 아는 마음의 여유가 있다.

언니들과 함께해서 현명한 언니들을 닮아가고 돈을 벌 수 있는 인생 3번째 대운을 맞이했다. 언니들에게 감사하는 마음과 고마운 마음을 전한다. 언니들이 꽃길을 만들어 놓았기에 내가 편안하게 돈을 벌 수 있다. 언니들이 터놓은 이 꽃길을 따라서 나는 사뿐사뿐 내 꿈을 향해 걸어가면 된다.

동생 효은이와 일이 안 되는 추운 겨울 1월과 2월에는 제주도 여행을 가기로 약속했다. 예진 언니와는 골프를 치자고 약속했다. 연기자와 모델이 목표인 나는 마음의 여유는 없지만 그래도 그 약속을 지키고 싶다. 나도 나 자신에게 감사의 선물을 하고 싶다. 잘 살아주고 건강하게 살아준 나에게 감사한다.

골프를 치려면 돈이 많이 든다. 아무리 안 들어도 그린피와 카트비 캐디피 식사비를 포함하면 하루 30만 원의 경비가 든다. 보통 직장생활을 하는 사람이 200만 원의 급여를 받는 경우에는 엄두도 못 낼 일이다.

"6개월에 한 번 1년에 한 번 심지어는 8년에 한 번 라운딩 나왔어요."라고 말하는 고객님들이 많다. 이곳에서 두 달 동안 일하면서 알게 된 사실이다.

전 직장에서는 거의 회원님들을 라운딩 나가는 경우가 많다. 회원권 6,500만 원으로 하루 8만 원 정도면 라운딩을 즐길 수 있다. 매일 라운딩을 즐기는 고객님들도 많다. 내가 일하는 이곳은 꼭 4명의 고객이 채워지지 않아도 된다. 두 명이 오면 3명의 그린피를 내면 되고 3명이 오면 4명의 그린피를 지불하면 된다. 가벼운 마음으로 연인과 부부가 함께 라운딩을 즐길 수 있는 곳이다.

나의 꿈 세계 여행

나의 꿈과 로망은 세계여행이다. 물론 온통 장미로 지어진 여성 전용 장미 골프장을 짓는 것이 나의 마지막 야망이다. 하지만 사업자금은 걱정하지 않는다. 내가 꼭 돈이 있을 필요는 없다. 나와 생각이 같은 사업가를 만나면 모든 것이 해결된다. 나는 요즘 끌어당김의 법칙에 심취되어 있다. 성공하신 김승호 회장님 켈리 최 회장님 김태광 대표님의 가르침대로 내면의식을 바꾸고 하루 나만의 루틴을 지키며 4년째 살아가고 있다. 내 생각이 곧 나다. 내 생각이 하나님이 계획한 메시지다. 내가 포기만 하지 않는다면 나의 소망은 꼭 이루어진다고 믿는다. 내가 살아가고 있는 이유이기도 하다. 하버드대학을 나오신 서진규 님이 그 기적의 증거다. 서진규 님 자서전『다시, 나는 희망의 증거가 되고 싶다』,『서진규의 희망』은 내 책상 앞에 꽂혀 있다. 서진규 님의 끝없는 도전정신을 마음에 새기고 살아가고 있다. 서진규 님은 불가능을 가능하다고 내 앞에 보여준 사람이다. 도저히 이룰 수 없는 꿈을 이룬 사람이다. 나도 언젠가는 누군가의 희망의 증거가 되고 싶다.

토끼와 거북이가 하루는 달리기 경주를 했다. 토끼는 거북이를 무시하며 '느린 거북이쯤이야'라고 생각하며 잠시 낮잠을 잤다. 거북이는 토끼가 잠시 잠을 자는 동안 죽을힘을 다해 느린 걸음으로 경주의 끝 골인 지점에 다다를 때 갑자기 뒤에서 잽싸게 달려오는 토끼에게 경주를 지고 말았다. 낙담한 거북이는 아버지에게 물었다.

"아버지! 우리는 언제쯤 토끼를 한번 이겨보나요?"라고 물었다.

"토끼는 보통 7년밖에 못 살지만 우리는 그래도 30년을 살잖아. 그러면 이긴 거지 뭐."라고 아버지 거북이가 대답했다.

맞는 말이다. 오래 살면 이긴 거다. 끝까지 살아남으면 이긴 거다. 나도 그렇게 생각하며 살아가고 있다. 나는 며칠 전 〈눈물의 여왕〉 남자 주인공 김수현의 프로필을 한번 읽어보았다. 한참 동안 〈돌싱글즈 5〉 규덕과 혜경에 미쳐 잠들 때마다 규덕의 노래를 듣고 하이라이트 영상들을 보며 잠이 들곤 했다. 두 사람이 헤어지고 난 뒤에는 〈눈물의 여왕〉 김수현과 김지원 소식만 본다. 지금은 김수현이 출연했던 드라마에 심취해 있다.

11년의 숨은 노력

　배우 김수현은 어린 시절부터 앓았던 심장질환과 외동아들로 자란 외로움 때문인지 심하게 내성적인 성격이었다고 한다. 내성적이고 소극적인 외아들을 걱정한 어머니가 고등학교 1학년 때 웅변과 연기 둘 중에 하나를 배워보라고 권유했다. 그로 인해 연기 학원에 다닌 것이 연기 활동의 시작이었다고 한다. 그 후 그 연기 학원에서 연세대 연극동아리 소속 학생과 친해진 것을 계기로 고등학교 1학년 때부터 3학년 때까지 연세대 학생회관에서 기숙하며 연세 극예술연구회 학생들과 함께 연기연습을 했다고 한다. 셰익스피어의 희곡 『한여름 밤의 꿈』의 요정 '퍽'이 그에게 주어진 첫 역할이었다고 한다. 그 역할에서 박수갈채를 받아 연기자의 길을 걸어도 되겠다는 생각을 했다고 한다. 자신이 원하는 대학교에 가기 위해 4년을 공부해 4수만에 중앙대학교 연극영화학과에 합격하고 졸업했다. 김수현은 **11년의 숨은 노력으로 지금의 배우 김수현**이 될 수 있었다. 그의 취미로는 볼링 스키 스킨스쿠버 배드민턴 테니스 골프가 있다. 볼링은 실력이 탁월하다고 한다. 출처: "배우 김수현 프로필", 〈tistory〉

　거북이처럼 느리지만 결국 살아남는 자가 이긴다. 오랜 시간 동안 자기 일을 즐기고 인내하면 노력하는 자를 당할 자가 없다. 이것을 배우 김수현을 통해 배우게 된다. 우리는 누구나 자신의 **시간을 참고 견디면 언젠가는**

인생의 주인공이 될 수 있다. 우리는 10년 후의 나를 위해 지금 이 순간 내 인생의 주인이 될 용기를 내길 바란다.

16년 경력 캐디가 전하는 당신의 꿈을 이루게 하는 힘

세상에서 가장 무례한 사람은 자기 자신에게 어떤 가능성도 없다고 인식하는 사람들이다.

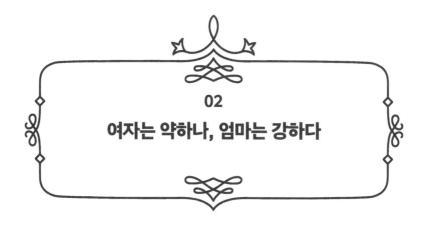

02
여자는 약하나, 엄마는 강하다

동생 문은숙의 첫 번째 대운

한 달을 일하지 못해 하루 종일 황금 같은 귀한 시간이 슬픈 감정으로 흐르고 있다. 동생 은숙이에게 전화가 왔을 때 나도 모르게 신경질을 부리고 결혼하고 지금까지 직장생활 한번 하지 않은 동생이 게으르게 느껴져 "호주 여행을 갔다 오면 서로 통화를 하지 말자!"라고 고함을 지르고 전화를 끊었다. 은숙이는 시댁 시어머니와 갈등이 심해 많은 정신적 고통을 겪으며 살아왔다. 양 서방은 50세 후반으로 중국에서 13년간 동생과 아들을 데리고 살았다. 현재는 베트남에서 사장직으로 마스크를 만드는 회사에 월급여 800만 원을 받고 일하고 있다. 착하고 성실한 남편이지만 어머니에게 잘하라고 정신적 압박을 줘 두 사람의 사이는 항상 평행선을 긋고 있다. 누구의 잘잘못도 아니라고 생각한다. 시어머니와 동생의 성격이 안 맞을 뿐이다.

중국에 이민 간 이유는 여동생이 시동생의 권유로 파이낸셜에 3억 원을 투자하게 되었기 때문이다. 매달 들어오는 이자가 어마무시했다. 그래서 신용카드 전부를 대출받아 3억 원을 투자했지만 한순간에 파이낸셜이 잠적했다. 경남 진해의 천억대 사기에 휘말린 것이다. 한국을 정리하고 중국으로 넘어가 13년 동안 그 3억 원을 양 서방이 다 갚고 지금은 빚을 청산한 상태다. 동생 은숙이가 처음으로 서울 아파트에 입성했다. 조카 양지훈이 연세대 화학과에 입학했다. 진해 해군을 제대하고 2학년에 복학했다. 동생 인생에 50대에 첫 번째 대운을 맞이했다.

우리는 다 상한 갈대다

부부라면 한 방향을 바라보고 살아가야 하는데 대화가 부족하고 떨어져 지내는 시간이 많다보니 명절에 만나도 손만 잡고 잔다. 여동생은 시댁과의 갈등으로 결혼식 전날 결혼식장에 가고 싶지 않았다. 정신적 고통을 주는 시어머니와 갈등 속에 20년의 세월 동안 감정을 허비하며 살았다. 오늘 아침 우울한 내 감정을 죄 없는 은숙이에게 퍼부었다.

모두 내 감정 탓이다. 나는 사람들의 말에 잘 휘둘린다. 자존감이 낮아 조금의 비난에도 휘청거린다. 하지만 남들은 '개구리에게 무심코 던진 돌에 그 개구리는 죽는다'라는 사실을 모른다. 나는 오늘 그 개구리와 같은 심정이다.

항상 인정받고 싶은 갈증으로 지금껏 살아왔다. 항상 칭찬에 목말라했다. 그래서 나는 매일 오전 7시에 보내오는 김현 님의 안부 문자에 감사하고 읽을거리도 없는 나의 블로그에 한 달에 900명의 이웃님이 방문해 주셔서 진심으로 감사하다. 나를 찾는 사람들이 있다는 것은 감동이다. 부족한 블로그 글이지만 하트를 눌러주고 댓글을 달아 주는 이웃님 덕분으로 오늘도 열심히 살아가려고 노력한다.

사람들은 왜 내 블로그를 찾아오는 것일까? 배울 것도 없고 아무것도 하는 것이 없다면 블로그를 찾지 않을 것이다. 그래도 나도 **한번 해 보자는 동기부여**를 받고 감동이 조금이라도 있으니 찾아오는 것이라 생각한다. 그렇다고 책을 쓰겠다고 전화를 하는 사람은 없다. 가끔 책 쓰기를 배우고 싶다고 장문의 문자를 보내는 대구에 사는 49세 여자분과 43세 공무원 여자분이 있고 안동에서 책 쓰기 수업료를 물어보는 남자도 있다.

자신에게 돈보다 중요한 것은 무엇인가?

자신에게 돈보다 무엇이 중요한지를 아직 모르는 사람들이다. 책을 쓰는 방법을 배우고 책을 쓴다. 책이 출간되면 책 쓰기 코치로 월 천만 원을 벌면 인생의 답이 나오는데 그것을 알지 못한다. 내 몸으로만 돈을 벌려고 발버둥을 친다. 나의 스승님을 만나 100억 원 재산가가 된 사람은 3명 정도 되는 것 같다. 확인할 수는 없지만 월 천만 원을 버는 사람들이 되었으니 100억 원대 재산가가 되었을 것이라 추정된다. 당장 눈앞의 책 쓰기 수업 료만 생각하고 자신의 책이 출간되면 그것으로 인해 **엄청나게 변할 자신의 인생**을 생각하지 않는다.

작가가 되면 억대 연봉자들과 교류할 수 있는 기회를 만난다. TV에 출현할 수 있고 기업체나 관공서에 강의도 할 수 있다. 운이 좋으면 아침마당과 세바시에 출연할 수 있는 기적도 만나게 된다. 이제는 독자가 아닌 작가의 자리로 인생 역전의 순간을 맞이한다. 많은 기회와 많은 인생의 멘토들을 만날 수 있게 된다. 나의 스승님은 24년 동안 300권의 책을 쓰셨고 나처럼 아무것도 모르는 사람을 1,200명이나 작가로 만들어 인생을 바꾸어주셨다. 책을 쓰면 자존감이 높아져 무엇이든 할 수 있는 용기와 열정이 생긴다. 그래서 한 권의 책을 쓴 사람은 2권, 3권 계속 책을 출간한다. 나도 그래서 4번째 책『캐디로 5억 벌어 당신의 꿈을 이뤄라』의 원고를 쓰고 있는 것이다.

겁 없이 수많은 도전을 하게 된다. 그것이 책을 쓰고 난 뒤 내가 알게 된 사실이다. 책을 쓰게 되면 나도 모르게 열 손가락이 제멋대로 노트북 자판 위를 춤추게 된다. 그냥 손가락 10개만 노트북 자판 위에 올려놓았을 뿐인데 글이 저절로 적혀 내려가고 페이지가 절로 넘어간다. 그것은 판도라의 상자를 여는 것과 같다.

요술램프 속의 지니가 나와 말한 "분부만 내리십시오"

요술램프 속의 지니가 나와 말한 "분부만 내리십시오."라고 하는 것과 같은 현상이다. 저절로 책이 쓰여지고 완성된다. 그것을 누가 대신해주는 것도 아닌데 나의 머리와는 상관없이 글이 완성되어 진다. 내가 코치한 4명의 작가도 이런 경험을 했다고 나에게 말했다. 자신이 경험해보지 않고는 말로 표현할 수 없는 희귀한 현상이다.

처음에는 원고 100장을 어떻게 메울까? 고민이 클 수 있다. 하지만 쓰다 보면 써내려가진다. 어느새 80페이지를 넘기고 있다. 이처럼 책은 억지로 쓰는 것이 아니다. 쓰다 보면 무의식이 나의 의사와는 상관없이 책을 써 내려가게 된다.

내가 장미에 집착하는 이유

내 인생 마지막 야망은 여성 전용 장미골프장을 짓는 것이다. 설립자금은 걱정하지 않는다. 모든 것은 끌어당김으로 인연이 연결되어 자금을 준비하게 될 것이라고 생각한다. 내가 장미에 집착하는 이유는 마산여상 야간고등학교를 다닐 때 어려운 환경 속에서도 항상 희망과 용기를 내게 준 장미 한 송이의 따뜻한 마음 때문이다. 진해 우리 집에서 속천까지 갈 버스비가 없어 3년 동안 아침 6시에 일어났다. 7시에 진해시 태백동 10번지 우리 집에서 1시간 거리에 있는 진해 조선소로 탑 산을 넘어 매일 출근을 했다.

콧노래를 부르며 출근하는 여고생

탑 산을 넘으며 하얀 와이셔츠에 검정색 롱스커트 교복을 예쁘게 입고 콧노래를 부르며 회사로 출근하는 꿈 많은 소녀였다. 머리는 작은언니 문하성이 예쁘게 숏 커트로 잘라주었다. 지금도 골프장 기숙사 책상 앞에 나의 가장 아름다운 고교생 때 찍은 사진을 벽에 붙여놓았다. 너무 열심히 살았기에 초심을 잃지 않게 하기 위해서다. 내가 가장 사랑하는 친구 지은영과 함께 찍은 사진이라 더 소중하게 생각한다. 옆에는 내 딸 유나가 고등학교 3학년 때 밝게 웃으며 친구들과 뛰노는 사진을 붙여놓았다. 내가 본 중에 유나가 가장 환하게 웃고 있는 모습이라 이 사진을 가장 좋아한다. 이 두 사진만 있다면 나는 무엇이든 도전할 수 있는 마음의 준비가 된 사람이다.

내 마지막 소망은 여성 전용 장미골프장 사장이 되는 것이다. 나는 지금까지 살면서 많은 고통을 경험했다. 사랑에 대한 고통 39년의 직장생활에서 단 한 분 송국헌 감사님에게만 인정을 받았다. 마산여상 야간고등학교를 졸업했다는 자격지심에 항상 인정받기를 원하고 갈망했다. 지금도 마찬가지다. 자존감이 낮고 항상 인정받는 것에 미련이 많아 여성 전용 장미골프장에 대한 미래를 설계하게 되었다. 자신이 꼭 돈이 많아야만 골프장 사장이 되는 것은 아니다. 설립자금을 가지고 있는 자본가를 만나면 골프장을 지을 수 있다. 나는 자문역할을 하고 전문 경영인에게 경영을 맡기면 된다. 이곳 골프장 500억 원 재산가 정 회장님도 자신의 책을 쓰고 싶다고 했다. 내가 도와드리겠다고 했다. 모든 것은 연결되어 있다. 해답은 항상 내 가까이에 있다.

나는 여자로서 위안과 사랑을 듬뿍 받고 싶은 갈망이 있다

나는 여자로서 위안과 사랑을 듬뿍 받고 싶은 갈망이 있다. 내가 받지 못한 사랑 내가 받지 못한 위로 내가 받지 못한 위안을 여성들에게 특히 엄마들에게 선물하고 싶다.

자신이 가장 예쁘게 보이는 곳에서 자신의 인생 사진을 찍고 라운딩을 마치고 나면 아름다운 장미 한 송이를 가슴에 품고 가는 **행복한 인생을 선물**하고 싶다. 장미 골프장을 온갖 종류의 장미로 뒤덮어 18홀 동안 천국에 놀러 온 행복한 마음으로 5시간을 보내게 하고 싶은 것이 나의 소망이다. 우리는 너무도 고통스럽게 60년을 살아왔고 자녀만을 위해 헌신하며 살아왔다. 단 한 번도 여자로서 돌아보지 못한 나의 엄마 김수희를 생각하며 남은 20년을 여성 전용 장미골프장 사장으로 행복한 삶을 살아가고 싶다. 또 누군가를 만나 사랑을 하고 사랑을 주고 남은 생을 함께하고 싶다. 사랑은 아무리 갈구해도 만족할 수 없고 되돌아오지 않는 빛나는 청춘과도 같다. 못다 이룬 나의 사랑의 갈증들을 여성 전용 장미골프장 사장으로 위안을 받고 여성들에게 위로를 주고 싶다. 나는 위대한 엄마와 여성들을 존경한다.

"여자는 약하나 엄마는 강하다!"

16년 경력 캐디가 전하는 당신의 꿈을 이루게 하는 힘

모든 것은 연결되어 있다. 귀한 인연 역시 하늘이 맺어준다.

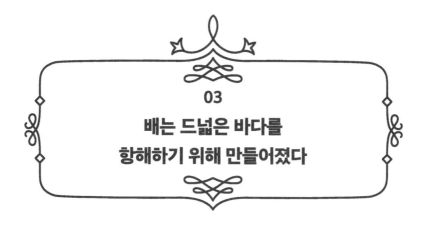

03
배는 드넓은 바다를
항해하기 위해 만들어졌다

만날 사람은 만나게 되어 있다

내가 다리를 다친 것은 나의 운명 첫사랑 고휘찬을 만나고 난 뒷날 일어
났다. 휘찬이를 만나고 온 기쁨도 가시기 전에 전남편 송덕원이 내 카카오
톡에 갑자기 얼굴이 뜨는 것이다. 그 순간부터 나의 업무는 엉망이 되었
다. 일을 나가기 전부터 나는 허둥대기 시작했다. '왜? 갑자기? 25년 동안
단 한 번도 나의 카카오톡에 전남편이 뜨지 않았는데? 왜?'라고 혼자 중얼
거리면서 별의별 생각이 다 들었다. 유나 결혼식 때 편지 한 장 보내달라고
부탁했었다. 거절당하고 잊고 살았는데 뜬금없이 전남편의 얼굴이 핸드폰
안에 있는 것이다. 사진이라기보다 초상화라고 하는 것이 맞다.

휘찬이를 만나고 와도 그렇게 정신을 못 차리는 정도는 아니었다. 60세
가 되면 휘찬이를 꼭 찾아가 만나고 오리라 늘 생각하고 있었다. 내가 볼일
을 보기 위해 창원에 있었던 이틀 동안 휘찬이의 회사는 바로 코앞에 있었

다. 하늘 아래 5분 거리에 서로 다른 일을 하면서 똑같은 공간에서 생활하고 있었다. 휘찬이를 만날 때 떨리기는 20세 때나 지금이나 마찬가지였다. 20세에 고등학교 졸업 미팅 때 만났던 그 감정, 남해 상주 해수욕장에 고등학교 절친 지은영과 지금 은영이의 남편이 된 사람과 4명이 해수욕장에 갔다 온 그 떨림과 그 설렘이 그대로 남아 있었다. 휘찬이를 만나면 항상 내가 천사가 된다. 항상 내가 하늘을 날고 있고 하늘에 붕 떠 있는 느낌이다. 휘찬이를 만날 때마다 그런 기분이었다. 내가 말했다.

하늘에 떠 있는 천사

"나는 너를 만나면 하늘을 날고 있는 기분이야! 너도 그래?"라고 물어보았다. 휘찬이도 그렇다고 했다.

전남편 송덕원에 대한 떨림은 덜하다. 키 187m 큰 키에 카키색 바바리코트를 입고 내 앞을 지나가던 남편의 뒷모습이 먼저 떠오른다. 단지 내 입가에 웃음을 짓게 하는 키다리 아저씨 그 정도다. 그렇다고 그 사람을 미워하거나 증오하지는 않는다. 이승에 우리가 온 이유는 행복하기 위해서다. 사랑과 행복을 위해 전남편은 살고 싶은 사람과 살고 있는 것 뿐이다. 그래도 내 인생에 8년 동안 남편이었던 사람이다. 나를 위해 된장찌개를 끓여 주고 시아버지 시어머니 누나와 형님 친구들과 잘 지내는 성격 좋고 부지런

하고 정 많은 그런 사람이다.

갑자기 들어온 카카오톡 사진으로 나는 한 달간 깁스를 하고 쉬어야 하는 신세가 되었다. 한 달에 400만 원을 벌지 못하는 신세가 얼마나 처량한가? 어제는 하루 종일 우울한 기분으로 다운이 되어 만만하고 나를 가장 잘 이해하고 받아주는 죄 없는 은숙이를 잡았다. 내가 기분이 너무 안 좋아 동생에게 화풀이를 했다. 돈 못 버는 한 달 내내 죄 없는 은숙이를 괴롭혔다. 은숙이가 말했다.

"정신과 치료받는 이유 중 언니가 50% 차지한다. 제발 나 좀 내버려 둬!"
라고 말했다.

어젯밤 32년 만에 전남편이 내게 보낸 프러포즈 편지 8장을 눈물을 흘리며 읽었다. 가장 가슴 떨리는 사람은 고휘찬인데 전남편으로 인해 다리를 다쳐 힘든 고통을 겪으며 한 달을 지내고 있다. 그래도 전남편이 카톡으로 들어오는 바람에 다리를 다쳐 3주를 쉬어야 했다. 전남편 덕분에 책을 쓰게 됐다. 골프장에서 일하는 동료들을 보는 것이 더 큰 고통이다. 일하는 것이 부럽다. 양산집에 가지 않는 이유는 이곳에서 원고를 완성해야 한다. 원고를 투고하고 한 달간 원고를 미다스북스와 수정작업을 마친 뒤 한 달 뒤 책이 출간된다. 양산집은 나의 휴식공간은 될 수 있어도 일터는 될 수 없다. 집에 가면 거실 소파에 앉아 있으면 소파에 눕고 싶고 누우면 TV를 보거나 아무것도 할 수 없다. 나는 의지가 약해서 꼭 일을 할 수 있는 공간에서만 긴장을 하게 된다. 마산여상 야간고등학교 때부터 진해 도서관에 3년간 일요일에 새벽 6시부터 밤 11시까지 맨 처음 문을 열고 공부를 했고 맨 마지막에 문을 닫고 나왔다. 나는 공부할 수 있는 틀에 갇혀 있어야 집중할 수 있는 사람이다. 그래서 양산 우리집에 가지 않고 컴컴한 식당에서 핸드폰 불빛으로 원고를 수정하고 있는 것이다.

나는 진해 조선소에서 인생에 모든 것을 배웠다

은행 15년을 다닐 때에도 매년 업무연수 시험이 있었다. 그때도 항상 우리 집 아파트 옆 고시원에 가서 시험공부를 해서 2,000명 중 1등을 해 입행동기 27명 중 1개월 승진이 빨랐다. 지금 은행 본점에 근무하고 있는 친구 이정원은 상무가 되어 근무하고 있다. 정원이는 입행 후 전산부에 근무했다. 전산부에는 능력 있는 사람들만 근무했다. 나의 첫 발령지는 마산 창동 부림동 지점이었다. 내가 입행 동기들보다 눈에 띌 수 있었던 것은 3년 동안 진해 조선소 급사생활을 하면서 배를 소유한 선주님들을 가족처럼 모시며 직장생활의 모든 것을 진해 조선소에서 배웠기 때문이다. 이재진 은행장님으로부터 친절 서비스 최우수 직원으로 발탁될 수 있었던 이유가 여기에 있다. 친절은 마음에서 우러나오는 것이다.

나의 강점은 진정으로 **고객님을 섬기고 감사하는 마음**에 있다. 얼굴 표정은 가식적으로 밝게 웃을 수 있다. 하지만 진정 밑바닥으로부터 우러나오는 고객을 섬기는 마음은 시간 세월 인내 자기만의 스토리가 존재하지 않는 한 우러나오기 힘들다. 내가 골프장 캐디로 16년 근무하면서 고객님을 진심으로 섬기는 이유는 고객님이 있어 내 딸 유나를 대학 공부를 시켰고 미국 유학을 보낼 수 있었다. 3권의 책을 출간 할 수 있는 용기와 4명을 작가로 만들 수 있는 힘을 주셨다. 그래서 은혜로운 이곳을 떠날 수 없는 것이다.

내 것만 생각하고 내 것만 챙기며 살았다면

내가 내 것만 생각하고 내 것만 챙기며 살았다면 지금 캐디로 살아갈 수 있을까? 그렇지 않다. 16년 동안 4명의 고객님들의 그린에서 볼 라이를 매번 매 순간 매일 앉았다 일어났다를 반복하며 놓아드렸다. 비가 와도 눈이 와도 내 일을 묵묵히 해나갔다. 내려앉은 디스크의 통증과 협착증의 고통 열 손가락의 퇴행성 간절염이 세월의 흔적을 고스란히 말해준다. 내 목숨만 빼고 고객님들에게 39년의 직장생활 동안 헌신했다고 생각한다. 고객서비스는 한국의 1인자라고 감히 자부한다. 그만큼 고객님들에게 정당한 대가를 받았다. 비록 직장 상사들에게는 칭찬 한마디 대우 한번 못 받았지만 나와 라운딩을 함께한 16년 동안 고객님들이 주신 보수와 사랑으로 충분히 보상을 받았다고 생각한다.

어제 나의 고통은 이러했다. 책 쓰기를 하겠다고 말만 하고 실행하지 않는 사람들에 대한 울분 월 60만 원을 주고 배운 연기 수업과 시니어 모델 워킹을 가족 4자매에게 가르쳐 주겠다고 해도 그 누구도 반응이 없다. 아침마다 매일 오전 7시에 문자를 보내오던 김현 님과 회사 동료에게도 하루 단 5분 시간을 내서 가르쳐주겠다고 문자를 보냈다. 그 누구도 연기와 모델에 관심이 없다. 공짜로 배워준다고 해도 관심이 없고 그걸 배울 생각도 없다.

"바보들! 대체 중요한 것이 뭐야?"라고 혼자 중얼거렸다.

직장을 옮겨도 16년 동안 자동차 기름을 넣었던 부곡 주유소에 가서 기름을 계속 넣고 있다. 감사하는 마음이 제일 컸다. 주유소 사모님에게 나의 책 『나는 책 쓰기로 월 천만 원 번다』를 선물했다. 사모님이 말했다.

"책이 재미있어요! 정말 대단하십니다. 읽기 편하게 쓰셨네요!"라고 칭찬해 주었다.

나의 노력은 헛되지 않다

내 책을 읽고 재미있다는 말을 5번은 들은 것 같다. 일을 마치고 피곤한 몸으로 졸음을 참으면서 책을 써서 문맥도 잘 맞지 않고 시간 날 때 일을 마치고 잠깐 잠깐 책을 썼기 때문에 이야기 스토리가 제대로 이어진 것은 없다. 그래도 나의 노력이 헛되지 않아 누군가에게 나도 할 수 있다는 동기부여를 준다는 것 그것 하나에 오늘도 책을 쓰고 있다. 호주 노애정님『당신의 행복 지도를 그려라』, 폴란드 최이정님『나대로 사는 것은 축복이다』, 연 매출 17억 원 김태환님『언스토퍼블』, 문주용님『거인들의 비밀』 그들로 인해 내 인생이 이만큼 성장했고 그분들도 나로 인해 인생을 바꾸었으니 더 없이 행복할 따름이다.

> **16년 경력 캐디가 전하는 당신의 꿈을 이루게 하는 힘**
>
> 당신은 당신의 인생에 다가오는 모든 기회와 행운, 시련과 고통을 만들어 내는 유일한 창조자다.

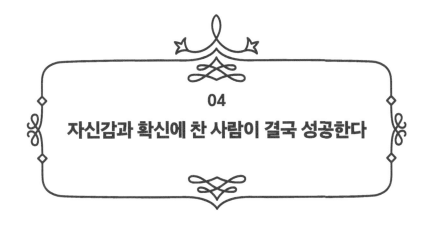

04
자신감과 확신에 찬 사람이 결국 성공한다

나의 궁극적인 소명은 무엇인지 찾아야 한다

내 생각이 나다. 매일 아침마다 눈을 뜨면 제일 먼저 내가 하는 일은 내 무의식에 나의 꿈을 새기는 일이다. 타투를 새기듯이 또렷이 되뇌기도 하고 박제처럼 꿈을 내 뇌리에 박기도 한다. 4년 전부터 꿈을 매일 아침에 일어나 종이에 적고부터 나는 나도 알지 못하는 에너지와 열정 파워를 가지게 되었다. 이 나이에 39년을 지치지 않고 살아올 수 있었던 이유는 내 목표와 꿈 야망이 있었기 때문이다. 나는 내 꿈을 야간고등학교를 다니는 3년 동안 매일 일기장에 '은행원이 되게 해주세요!'라고 적었다. 그때는 우주의 법칙도 알지 못했다. 단지 '은행원이 되게 해주세요!'라고 적었다. 그 꿈을 이루기 위해 잠을 적게 자고 매일 매일을 전쟁처럼 살았다.

지금도 매일을 전쟁처럼 사는 것은 똑같다. 두 개의 발 아대를 끼고 이틀 동안 두 번 일하는 투 타임을 했다. 다리 통증이 있어도 아픈 것은 너무도 당연한 일이라고 생각했다. 몸에 통증이 없으면 열심히 살고 있지 않다는 착각으로 지금껏 살아왔다. 그래서 아픈 것은 아무것도 아니라고 생각했다. 다리 통증이 심해 양산병원에 가서 엑스레이를 다시 찍고 초음파를 하고 깁스를 다시 했다. 의사 선생님이 하얀 종이를 세로로 찢으며 이렇게 말했다.

"조금만 더 다리를 사용하면 인대가 이렇게 끊어져 3주가 아니라 석 달을 쉬어야 될 겁니다."라며 내 상태를 말했다.

쉬어야 할 때는 쉬어야 한다

그 말을 듣고 아무런 대꾸도 하지 않고 다음 날 출근해서 진단서를 다시 경기과에 제출하고 한 달을 병가 처리했다. 어제는 일하지 않고 있다는 사실에 너무 우울했다. 뭔가 일하지 않으면 죄책감이 드는 것은 엄마 김수희 때문이다. 나는 엄마 김수희로 인해 인생은 그다지 길지 않다는 사실을 알았다. 내가 열심히 사는 이유는 나는 엄마와 함께 이 세상을 살고 있기 때문이다. 불쌍한 우리 엄마의 행복까지 살아내고 싶다.

엄마 김수희는 16세에 부산 광안리에서 지리산 밑 산청 문정칙이라는 가난하고 보잘 것 없는 10살이 더 많은 남자에게 시집와서 시어머니와 증조

할머니까지 모시며 온갖 시집살이를 했다. 3남 5녀를 40대 중반까지 아이를 낳고 키우는데 인생을 소비했다. 엄마 김수희의 인생은 하나도 없었다. 아버지 문정칙 역시 아버지의 인생은 없었으리라 생각한다. 8남매를 초 중 고까지 공부시키는 것이 얼마나 고단한 일인가? 한쪽 다리를 절뚝거리며 리어커를 끌고 고물을 사서 다시 손질해 되파는 일을 하는 아버지의 뒷모습은 너무나도 처량해 보였다. 하지만 엄마와 아버지는 너무도 성실한 사람이었다. 잠시도 자식들을 위해 쉴 수 없는 사람이었다. 엄마는 내가 결혼할 당시 26세 때 고작 55세였다. 그때까지도 엄마는 진해 경화동에 있는 철공소에서 쇠에 녹을 닦는 일을 했다. 엄마는 내가 결혼하고 3개월 뒤 나의 신혼집에도 와보지 못하고 간암 말기 판정을 받고 이 세상을 떠났다. 엄마는 평생 동안 8남매 자식들 때문에 길가에 파는 300원짜리 어묵 한 번 목구멍에 넘기지 못했다.

아버지는 86세라는 나이에 돌아가시기 전까지 진해에서 혼자 밥을 직접해서 드셨다.

외로운 인생 우리 아버지 문정칙

텃밭에는 배추, 대파, 양파, 오이, 가지, 풋고추들을 키워 딸 다섯에게 주었다. 된장 고추장을 직접 담아 주실 만큼 깔끔하고 부지런한 사람이었다.

아버지의 필체는 그 누구도 따라갈 수 없는 명필이다. 하지만 평생을 자식들을 위해 고생만 한 아버지를 딸 다섯은 그 누구도 사랑하지 않았다. 그 누구도 아버지를 연민으로 바라보지 않았다. 아버지가 갑자기 몸이 허약해지고 두 달 뒤 이 세상을 떠나던 날 평생 처음으로 나는 아버지의 싸늘히 식은 얼굴을 부여잡고 아버지에게 속삭였다.

"아버지 미안해!"라고 처음으로 고마움을 전했다.

내 결혼식이 끝나고 석 달 뒤 간암 말기 선고를 받고 해골이 된 엄마를 하늘로 보내드리면서 많은 생각을 했다.

'나는 엄마 같은 인생은 결코 살지 않겠어!'라고 다짐했다.

전남편에게 말했다.

"엄마같이 아이만 낳고 키우다 가는 인생은 살고 싶지 않아요. 아이는 한 명만 낳고 싶습니다!"라고 내 마음을 전했다.

전남편은 흔쾌히 내 말을 따라주었다. 딸 유나는 33년 동안 단 한 번도 나를 속 썩이는 일이 없었다. 잘 챙겨 먹이지도 못했는데 아무 탈 없이 건강하게 자라주었다. 챙겨 먹이지 못한 탓에 체력이 그렇게 강하지 않다. 손에 땀이 많이 나는 다한증이 심해 여름마다 곤욕을 치뤄야 한다. 마음 착한 사위 이경식을 만나 엄마에게 받지 못한 사랑을 받고 시부모님과 함께 따뜻한 음식과 사랑을 듬뿍 받고 살아가고 있다. 형님 내외도 마음이 따뜻해 아무것도 걱정할 것이 없다.

건강하다는 것 얼마나 행복한 일인가?

얼마나 행복한 일인가? 그 누구도 아프지 않고 모든 가족이 건강하다는 것은 천운이다. 이보다 더 행복할 수 없고 이보다 더 좋은 순간은 없을 것이다. 이 모든 것이 평생을 남을 위하고 남을 위해서 살아온 탓에 복을 받는 것이라고 생각한다. 처음 이혼했을 때에는 내 감정을 주체하지 못해 유나에게 화도 많이 내고 고함도 많이 질렀다. 그 모든 것을 내 딸 유나가 다 받아주었다. 언제나 친구처럼 언제나 동생처럼 같이 산 시간들이 얼마 되진 않지만 부족한 엄마를 이해하고 부족한 엄마를 용서하고 부족한 아빠 송덕원을 용서한 내 딸 유나가 대견하고 고맙다. 유나는 33년 동안 단 한 번도 내게 눈물을 보이지 않았다. 훗날 유나가 엄마가 되면 조금 더 엄마를 한 여자로 이해하고 부족했던 나를 이해할 날이 있을 것이라고 생각한다.

나는 내 생각이 나라는 명백한 사실을 은행원이 되고 알 수 있었다. 마산여상 야간고등학교를 졸업한 꼬리표는 나를 평생 동안 자존감이 낮은 사람으로 만들었다.

내가 지금 여기에 서 있는 이유

그래서 더 열심히 뛰어야 했고 더 높이 날아야 했다. 누가 날 협박하는 것도 아닌데 나 스스로를 조이고 다그치고 윽박지르며 살아왔다. 그래서 내가 여기 지금 이곳에 서 있는 것이다. 지금도 뭔가를 하지 않으면 가슴이 답답하고 눈물부터 난다. 뭔가를 하지 않으면 죽은 것 같은 생각이 든다. 엄마 김수희를 위해서라도 엄마와 함께 살아가는 나라서 더 마음이 바쁘고 조급하다. 그래도 이만큼 나를 조여서 이만큼 성장했고 이만큼 이 자리에 우뚝 서 있다. 제사 때마다 엄마 김수희에게 **'부끄럽지 않은 나로 살아 참 다행이다'**라는 생각이 든다.

"엄마 사랑해! 나도 이제 내년이면 60세가 되네. 할머니 다 됐네."

지금껏 내 삶에 후회는 없다. 나는 만나고 싶은 사람이 있으면 꼭 만나러 간다. 전화하고 싶은 사람이 있으면 전화를 한다. 배우고 싶은 것이 있으면 어디든지 찾아가 배운다. 단 한 번도 내 인생에 미련을 남기지 않았다. 내 생각이 곧 나이기 때문이다.

나를 바꾸기 위해서는 나를 발견해야 한다. 궁극적인 소명은 무엇인지 찾아야 한다.

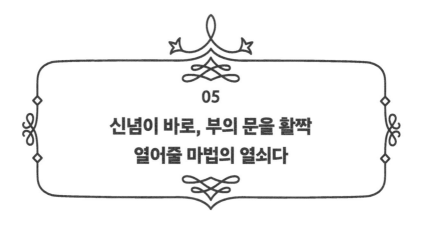

신념이 바로, 부의 문을 활짝 열어줄 마법의 열쇠다

간절함 그 간절함 때문에 나의 모든 것이 바뀌었다

우리 8남매는 무일푼 흙수저로 아무것도 없었지만 모든 것을 이루었다고 생각한다. 내가 아침마당에 나가고자 소망하는 이유는 **흙수저도 희망을 품고 살아가면 많은 기회를 만날 수 있고** 부를 이룰 수 있다는 사실을 알려주고 싶어서다. 그렇다고 김승호 회장님이나 켈리 최 회장님처럼 쳐다보지 못할 만큼 천 억대의 야망을 가지라는 것은 아니다. 자신이 원하는 타이밍에 맞는 간절한 소망과 간절한 꿈을 이룰 수 있는 만큼의 돈을 벌 수 있다.

문홍조 우리 오빠는 양산 북정동에서 올케언니 신일주와 아구찜 집을 20년째하고 있다. 오빠의 첫사랑은 아주 예쁘고 하늘하늘한 소녀 같은 여린 여자를 사랑했다. 오빠는 부산에서 고등학교를 나와 공부를 잘했다. 오빠의 친구 심영일 선생님은 내가 다닌 마산여상 고등학교 타자 선생님이었다. 오빠는 잘생기고 공부도 잘했다. 그래서 부산에 있는 대기업에 다녔다. 오빠의 성실함은 그 누구도 따라갈 수 없다. 회사를 퇴사하고 오빠는 사업을 했다. 꼭 실패만 있었던 것은 아니다. 오빠의 사업실패로 나는 결혼을 할 때까지 엄마와 오빠의 빚을 갚아야 했다. 다른 가족들은 자신의 미래를 챙기기에 바빴다. 내가 전남편을 미워하지 않는 이유는 결혼자금으로 대출 받은 천만 원을 아무런 이유도 묻지 않고 결혼 후 적금을 타서 1주일 뒤 갚아주었다. 그 돈은 전남편 송덕원이 급여를 꼬박꼬박 넣어 처음 타는 적금이었다.

나는 오빠의 사업 실패로
첫 번째 대운 경남은행에서 7억 원을 벌었다

오빠는 두 번째 사업을 통해 많은 돈을 벌었다. 월 4,000만 원을 벌만큼 사업이 번창했다. 그 기회를 잡아 지금 살고 있는 양산 북정동 택지를 사서 오빠가 직접 집을 지어 살고 있다. 신일주 우리 올케 언니는 못하는 음식이 없다. 못하는 것이 없을 만큼 도예, 수예, 이불을 직접 만들어 사용한다. 한마디로 여장부다. 지금까지 말없이 우리 7남매를 키우고 결혼시켜준 장본인이다. 오빠에게 시집와서 한 달에 12번이 넘는 제사를 해마다 해온 종갓집 맏며느리다. 한마디로 불쌍한 여자라고 말하는 것이 맞다. 지금까지 30년을 가난한 문씨 집안 맏며느리로 묵묵히 일만 한 가여운 여자다. 엄마만큼 고생한 사람이다. 하지만 아무런 보상도 받지 못한 사람이다. 올케언니는 아마 밤마다 울었을 것이다. 그것을 내가 안다.

아버지를 닮아 나는 빠르게 살았다

아버지 성격을 8남매는 다 닮았다. 급한 성격 욱하는 성질 깔끔 떨고 대쪽 같은 성격 모두 아버지를 그대로 빼닮았다. 아버지는 86세 돌아가시기 직전까지 단 한시도 엉덩이를 방바닥에 붙이고 있은 적이 없다. 보지 않아도 그것을 우리 8남매는 알고 있다. 내가 발목인대가 늘어져 3주를 쉬면서 울지 않은 때가 있었을까? 나는 매일 울었다. 일하지 못해서 돈 벌지 못해서 매일 울었다. 하지만 그 누구도 알지 못한다. 하지만 블로그에 이웃님들 중에 내 감정을 간파하는 사람도 있다. 나의 우울함 나의 슬픔을 이해하는 사람도 있다.

나는 39년의 직장생활 중에 27세에 은행을 다닐 때 딸 유나를 낳기 1주일 전에 산후휴가를 낼 만큼 독한 여자였다. 은행 본점 엘리베이터 안에서 산만큼 부른 나의 배를 바라보면서 남자 직원들이 눈을 힐긋거려도 나는 아랑곳하지 않았다.

가장 화려했던 젊은 날의 초상

내가 나 자신에게 당당한 이유는 나는 최고이기 때문이다. 그 누구에게도 밀리지 않고 은행 업무연수 시험에 1등을 하고 고객서비스 최우수 직원으로 행장님으로부터 표창장을 받은 사람이기 때문이다. 일본 은행에 10일 동안 업무연수를 갔다 온 사람은 2,000명 중 20명 남짓이다. 그 속에 나도 있었다.

일본 연수를 가는 날 마산 중리 우리 집에서 합성동 본점 은행까지 차로 10분 거리였다. 그런데 자동차 사고가 있었는지 출근길에 차들이 꼼짝을 하지 않았다. 그래서 곧장 김해공항으로 택시를 타고 가서 직원들을 미리 기다려 일본 가는 비행기에 합류할 수 있었다. 곧이곧대로 은행 본점으로만 갈려고 고집했다면 일본 연수 가는 비행기를 놓쳤을 것이다. 대처 빠른 행동으로 위기를 넘길 수 있었다.

10일간의 일본 연수

일본에 처음 도착해 맛있는 음식을 먹었다. 음식이라고 해봐야 우동이다. 튀김이 조금 얹어져 있는 깔끔한 맛의 우동이었다. 절에도 두 곳 정도 가보았다. 절의 풍경은 아름다웠다. 일본은 불교문화가 활성화되어 불심이 강해 보였다. 밤이 되자 남자 직원들과 밤 문화가 흥행하는 나이트클럽에 갔다. 차마 눈을 뜨고는 볼 수 없는 상황이 펼쳐졌다.

여러 명의 여자가 옷을 다 벗고 가랑이를 쩍 벌리고 있었다. 말로는 표현할 수 없는 수치심을 느꼈다. 왜 이곳에 여자 직원들을 동행했는지 이해가 되지 않았다. 눈 뜨고는 못 볼 꼴을 열 손가락을 벌리고 지켜봤다. 여직원들과 호텔로 돌아와 야한 동영상을 불을 꺼놓고 조용히 지켜보기도 했다. 모두 결혼도 한 사람들인데 숨을 죽이고 지켜봤다. 지금 생각하면 웃음이 난다.

입행 동기 문정애와 백화점 쇼핑을 함께 갔다. 일본 은행 연수를 마치면 자율시간이 많았다. 가족들에게 선물할 시계 기념품들을 살 시간이 많았다. 같이 은행을 들어왔지만 10년 동안 단 한 번도 얼굴을 볼 기회가 없었다. 근무하는 지점이 달랐기 때문에 부딪칠 일도 없고 업무상 만날 일도 없었다.

문정애도 사기로 만든 그릇에 관심이 많았다. 나도 그릇에 관심이 많아 예쁜 노란 그릇을 몇 개 샀다. 29년이 지났어도 그 그릇을 장식장에 가지고 있다. 내 소중한 추억이 담긴 그릇이다. 정애와 나는 같은 호텔을 사용했다. 일본 은행 연수를 마치고 밤거리를 걸어보았다. 일본의 아파트는 평수가 작고 다닥다닥 붙어 있다. 지진의 위험 때문에 큰 평수의 아파트는 짓지 않는다고 했다.

거리도 침침했다. 밤 10시도 되지 않았는데도 거의 불이 없었다. 칙칙한 거리를 정애와 걸으며 행복한 순간을 만끽했다. 호텔에 들어와서도 밤을 꼬박 샜다. 10년 동안 있었던 은행 생활과 결혼 아이들 이야기로 이야기꽃을 피웠다. 지금은 어떻게 살아가고 있는지 한번 보고 싶다.

유명한 후지산도 갔다. 산속에 있는 화산 속에서 연기들이 계속 뿜어져 나왔다. 화산 밑에는 보글보글 팥죽이 끓듯이 예쁘게 연기를 내고 있었다. 그 속에 달걀을 넣어 삶아 먹었다. 산속에 지어져 있는 목욕탕과 반신욕 탕은 신선이 된 것처럼 개운했다. 물도 좋아 피부가 한결 매끄럽게 느껴졌다. '다음에 유나와 남편이랑 일본에 와서 후지산도 보고 달걀도 삶아 먹고 반신욕도 함께 해야지.'라고 생각했다.

내가 은행을 다닐 당시에는 은행 모니터링이라는 제도가 있었다. 고객이라고 과장하고 은행에 와서 직원들이 고객을 대하는 응대 수준, 친절도, 은행 업무의 숙지 능력 등을 점검하는 것인데 외주를 주고 모든 은행이 실시하고 있는 제도였다.

유나를 낳고 시골 경남 창녕에서 두 달 동안 모유 수유를 하고 다시 은행에 복귀했다. 유나가 33세가 된 지금껏 몸이 아파서 병원 한번 가지 않은 이유는 모유 수유 때문이라고 생각한다. 시어머니와 시아버님께서 사시는 시골은 아름다웠다. 집이 온통 들장미로 뒤덮여 있었다. 유나가 세 살이 되었을 때 해맑은 남자 모습을 하고 머리에 쓰는 보라색 머리띠를 가지고 1주일

에 한 번 오는 나와 남편을 보고 차가운 마루에서 뛰면서 깔깔거리며 반겨
주던 모습이 떠오른다. 아직도 유나의 해맑은 웃음소리가 귓가에 맴돈다.

이정기 시어머니는 유나를 추운 겨울에도 양말을 신기지 않고 찬 마루를
뛰어놀게 했다. 시원한 보리차를 먹여 키우셨다. 그래서 유나는 평생 감기
한 번 걸린 적이 없다. 돌아가신 시아버지 송석만 이정기 엄마에게 감사의
절을 올린다. 시어머니가 돌아가시면서 5세까지 키워준 딸 같은 유나를 애
타게 찾으며 울면서 돌아가셨다고 했다. 전남편이 유나가 결혼하기 전 말
해주었다. 나는 꿈속에서 시어머니와 시아버지의 해골 두 개가 까만 리무
진 위에서 떨어지는 꿈을 꾸고 두 분이 이 세상을 떠났다는 것을 직감할 수
있었다.

세상에서 가장 부지런한 남자 송덕원

벼농사, 깨농사, 팥농사, 복숭아, 감 농사를 남편 송덕원이 아버지와 함
께 일했다. 형님 세 사람은 덩치는 있었지만 일꾼은 아니었다. 큰형님은 맥
주회사를 다녔고 작은형님 두 분은 경찰과 검사였다. 모두 능력 있는 사람
들이었다. 아내들을 잘 만나 평생 돈을 버는 큰형님, 요리 잘하는 둘째 형
님, 내조 잘하는 셋째 형님, 예쁜 누나는 요리와 살림은 말할 것도 없다.

15년 동안 은행을 다니면서 결근, 지각 한번 한 적이 없다. 부곡 컨트리

16년을 다니는 동안에도 교통사고로 다리를 다쳐 치료하는 것 외에 단 한 번도 결근, 지각도 없었다. 오히려 일 나가기 전 2~3시간 전에 매일 출근을 했다. 초 중 고등학교 12년 개근상을 8남매는 다 받았다. 우리 가족은 틀에 박혀 사는 사람들이다. 틀을 벗어나면 죽는 줄 아는 사람들이다.

사람에게 중요한 것은 무엇일까? 사랑에도 타이밍이 중요하듯이 자신에게 필요한 꿈의 타이밍 간절함 역시도 타이밍이라는 사실을 이 책을 통해 말해주고 싶다. 인생은 타이밍이다. 배움의 타이밍 사랑의 타이밍 꿈을 이루는 데에도 타이밍이 중요하다.

> **16년 경력 캐디가 전하는 당신의 꿈을 이루게 하는 힘**
>
> 모든 상처는 내가 나 스스로에게 주는 것이다.

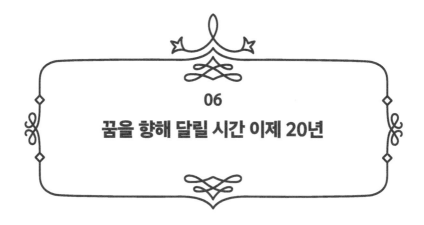

06

꿈을 향해 달릴 시간 이제 20년

지금 당신이 개간해야 할 땅은 당신 자신이다

내 꿈을 향해 달릴 시간 이제 20년 남았다. 내 꿈 내 야망이 있어 나는 열정적으로 살아가고 있다. 일을 하지 못해 울기도 하고 잠을 설치기도 하는 것은 삶의 욕심이 많기 때문이다. 나의 스승 김태광 대표님은 욕망을 가지는 것을 부끄럽게 생각해서는 안 된다고 가르쳤다. **사람이 욕망이 있어야 도전하게 되고 삶의 고통을 겸허히 받아들이고 그것을 인내하고 감수하게** 된다고 가르쳤다.

스승님은 24년 동안 300권의 책을 쓰신 분이다. 기네스북에도 등재되어 있다. 책 쓰기 가이드북 특허를 낸 한국의 유일무이한 존재이기도 하다. 대학교 때 친구에게서 받은 시집 하나가 스승님의 운명을 가를 줄은 그 누구도 알지 못했다. 스승님은 직장생활은 자신이 원하는 삶이 아니라는 것을 깨닫고 오직 책 쓰기에만 몰두했다. 직장생활이 짧았음에도 고퀄리티의 책을 수백 권을 쓰고 나처럼 아무것도 모르고 아무런 스킬도 없는 사람들을 1,200명이나 작가로 만들었다. 어떻게 300권의 책을 쓸 수 있는지? 지금도 아이러니하다.

나의 스승님 500번의 출판사 거절

8년 동안 500번이 넘는 출판사 출판계약을 거절당하면서도 그 뜻을 굽히지 않으셨다. 지금은 초 중 고 교과서에 나올 만큼 능력을 인정받았다. 외국에 책이 번역되어 수출되고 있다. 〈아침마당〉과 〈행복 플러스〉 심지어 미국의 방송국까지 출연하는 기염을 토했다. 지금은 책 쓰기 코치와 작사가로도 활동하고 계신다. 유튜브를 통해 많은 사람들의 의식수준을 바꿔주고 높여주는 동기부여가로 활동하고 있다.

김태광 대표님을 만난 건 부곡 컨트리 캐대로 일하면서 한참 김미경 강사님의 강의를 쫓아다니며 강사의 꿈을 키우고 있을 때였다. 일을 마치고 밤 11시가 넘어서도 김미경 강사님의 돈에 대한 강의를 틀어놓고 경찰서 옆 불도 없는 컴컴한 공원에서 손짓 발짓을 따라 하며 강사의 꿈을 키웠다.

MKYU 열정 대학생

김미경 강사님처럼 사람들의 인생을 바꿔주는 열정적인 강사가 되고 싶었다. 유나를 대학 졸업을 시킨 뒤 이제는 내 인생을 살아야겠다는 생각이 불현듯 났다. 매일 강사님의 유튜브를 들으면서 내가 무엇을 하며 살아야 하는지를 알게 되었다. 김미경 강사님의 MKYU 열정대학생 수업료 10만 원을 송금할 줄을 몰라 두 번 입금을 할 만큼 나는 컴맹이었다. 김미경 강사님의 MKYU 과제로 "자신의 인생을 꼭 책으로 엮지 않더라도 써서 가지고 있어라!"라는 말을 듣고 한 달 동안 일을 마치고 창녕도서관에 가서 A4 용지 300장이 넘는 나의 인생을 책을 어떻게 쓰는지 알지도 못하면서 그냥 써 내려갔다. 그것을 내차 운전석 자리 밑에 대 봉투에 넣고 다녔다. 내 인생이 담겨 있어 마음이 뿌듯했다.

그 뒤 차를 폐차할 만큼 큰 사고를 당해 병원에 입원해 있을 때 300권의 책을 쓰신 김태광대표님을 유튜브를 통해 만나게 되었다. 성질이 급한 나는 딸에게 그날 전화해 책 쓰기 1일 특강을 신청하고 서울로 비행기를 타고 올라갔다. 그때 다리를 깁스한 채로 책 쓰기에 참석했다. 그곳에서 만난 김태환 님과 최이정 님을 작가로 만들어 주었다. 김태환 님은 경제적으로 엄청난 마음의 고통을 받고 있는 상태였다. 최이정 님은 폴란드에서 비행기를 타고 5시간이나 걸려 도착했다는 말에 사람들을 깜짝 놀라게 했다. 나는 도전하는 사람을 좋아해 최이정 님과 사진도 함께 찍고 전화번호를 서로 주고받았다. 1년 동안 안부 전화를 하며 두 사람에게 책 쓰기를 권유했다. 나도 파란만장한 삶을 살았지만 두 사람 역시도 나 못지않게 힘든 인생을 살았다. 고생한 사람은 고생한 사람을 알아본다.

내가 돈이 없어도 책 쓰기를 허락하신 김태광 대표님은 가난의 고통이 무엇인지 누구보다 잘 알고 있다. 가난의 고통 때문에 자살한 아버지를 곁에서 목격했고 삶이 힘들어 자신의 손목을 여러 번 그었던 사람이다. 가난한 사람들을 그냥 지나치지 못하는 사람이다. 그래서 나를 작가로 만들어주신 것이다. 처음에는 인터넷도 잘못하는 컴맹에다 어떻게 책을 쓰는지 몰랐다. 1주 차 수업 시간에 스승님께서 직업이 캐디이니 캐디에 관한 책을 쓰라고 말씀하셨다. 하지만 나는 거절했다. 아마 1,200명의 제자 중에 스승님의 말씀을 거역한 사람은 나 혼자뿐이었을 것이다. 돈이 없어 수업료를 매달 백만 원씩 15번을 송금해야 되는 처지에 캐디에 관한 책을 쓰지 않겠다고 손사래를 쳤다. 책쓰기 6주 과정이 끝나고 블로그 하루만에 끝내는 1인창업 네이버카페 네이버카페 제작 유튜브 강사과정 책 홍보 과정 등 총 3,500만 원을 지불하고 책 쓰기와 1인 창업 과정을 배웠다.

"김 도사님! 저는 캐디에 관한 책을 쓰지 않겠습니다. 도전하는 삶에 대해 쓰겠습니다!"라고 말했다. 스승님은 나를 보면서 얼마나 어리석은지를 봤을 것이다. 은행 생활에 관한 책을 썼다면 은행원이 되고자 하는 사람들을 코치하면 되고 자동차 영업에 관한 책을 썼다면 자동차 영업을 가르치면 된다. 상가 분양에 관한 책을 썼다면 상가 분양 영업을 가르치면 된다. 나는 돌아돌아 4년이 지난 뒤 『캐디로 5억 벌어 당신의 꿈을 이뤄라』를 지금 쓰고 있다.

나를 구제해 주신 스승님

한 꼭지를 쓰고 나면 스승님에게 검사를 받아야 하는데 이메일을 보낼 줄 몰라 빵과 커피를 대접하고 이메일을 스승님께 보내달라고 여대생에게 매번 부탁을 해야만 했다. 그 과정 중에 노트북을 바닥에 떨어뜨려 원고를 다 날린 적이 있어 몇 날 며칠을 울어야 했다. 책 제목 500개 과제를 첨부로 하지 않고 그대로 500개를 이메일로 보내는 컴맹 중에 컴맹이었다. 지금도 기계치라 인터넷 회원등록을 하지 못해 매번 비싼 가격으로 물건을 산다. 오죽하면 회사에 전화를 걸어 대신 좀 회원등록을 해달라고 부탁을 했다. 회원등록은 자신만 할 수 있다고 해서 그냥 비싼 가격으로 물건을 사고 있다.

내가 이런 예를 드는 이유는 이메일도 보낼 줄 모르는 내가 3권의 책을 출간했고 4번째 책 출간을 준비하고 있다는 것을 여러분들에게 말하고 싶다. 거창하지 않아도 아무것도 할 줄 몰라도 누구나 작가가 될 수 있고 세상을 변화시킬 수 있다. 볼 것도 없는 문수빈이라는 사람의 블로그에 한 달에 900명이 넘는 사람들이 미국에서 133명, 아일랜드 28명, 베트남 10명, 타이완 8명, 오스트레일리아 2명, 카타르 3명, 괌 2명, 태국 2명, 영국 1명, 일본 3명이 방문해서 글을 읽는 이유는 무엇일까? 뭔가를 느끼고 뭔가 나도 할 수 있겠다는 마음이 들어서 방문하는 것이 아닌가 생각한다.

내가 열심히 살아가려고 하는 이유

왼쪽 다리에 깁스를 하고 오른쪽 다리에는 7m의 굽 높은 구두를 신고 시니어 모델 워킹을 연습하고 연기자가 되기 위해 대본을 외우는 내 모습을 보고 '나도 너도 할 수 있겠다.'라는 동기부여로 모여드는 것이라 생각한다.

내가 열심히 살아가려고 하는 이유는 대구에 사는 61세 윤영희 언니가 있다. 나의 유튜브 영상 하나를 보고 60 평생 처음으로 대구에서 KTX를 타고 서울로 올라왔다. 책 쓰기 1일 특강을 나의 옆자리에서 함께 듣고 작가가 된 사람이다. 그것을 책 쓰기 1일 특강을 마치고 나서 내게 말했다.

"문수빈씨 유튜브 영상보고 책 쓰러 왔어요. 서울에 평생 처음 왔어요!"라고 말해주었다.

나로 인해 5명이 작가가 되었다. 나도 알지 못하는 순간에도 지금 이 순간에도 누군가는 나의 유튜브 영상을 보고 작가로 운명을 바꾸었다. 나와 전화 통화를 통해 두 권의 책을 완성한 최이정 작가와 문주용 작가가 있다. 문주용『거인들의 비밀』외 1권 출간, 노애정『당신의 행복 지도를 그려라』, 김태환『언스토퍼블』, 최이정『나대로 사는 것은 축복이다』외 1권 원고를 완성했다. 나는 그들로 인해 나다운 삶이 무엇인지 깨닫게 되었고 이 세상에 태어난 의미를 부여하게 되었다. 내가 책을 쓰는 이유는 이 세상에 태어난 이유다.

16년 경력 캐디가 전하는 당신의 꿈을 이루게 하는 힘

당신의 시간과 돈을 물 쓰듯 해선 안 된다. 자기 성장과 발전에 투자해야 한다,

생각의 비밀

한 사람의 인생을 바꾸는 것은 무엇으로 비롯되는가?

그것은 생각이라고 생각한다. 생각은 가슴을 열어 봐도 어디에도 찾을 수 없고 두개골을 쪼개도 어디에도 생각이라는 물체를 찾을 수 없다. 생각이라는 무형은 있기는 하나 눈으로는 볼 수 없는 것이다. 하지만 이 생각이라는 것으로 사람의 인생은 바뀐다고 생각한다. 인생을 바꾸고자 마음을 먹는 것 그 자체로 사람은 다른 삶을 살게 된다.

게으른 사람은 일찍 잠을 자는 것으로 일찍 일어날 수 있고 책을 읽지 않던 사람은 하루 5분, 10분 정도 집에 있는 책장에 전시용으로 꽂아둔 책을 꺼내 읽어봄으로 책 읽는 근육을 키울 수 있다. 마음이 독선적인 사람은 남을 배려하려는 노력을 하는 순간부터 선한 사람으로 변모하기 시작한다. 책을 써본 경험이 없던 사람 나처럼 일기장이나 은행의 행보에 글을 실던 경험으로 책을 쓰거나 일상 생각의 조각들을 블로그에 올리기도 한다.

공부라는 것도 그렇다. 공부를 해야지 생각을 하는 사람이 있는 반면에 자신의 평소 실력대로 시험을 치고 볼펜을 굴러 찍기도 한다. 그러다가 어느 순간 머리가 트여 읽기만 해도 암기가 되는 이상한 순간을 맞이하여 나처럼 초등학교 중학교 반에서 18등을 고수하던 사람이 고등학교를 졸업할 때는 전교 7등으로, 반장으로 장학생으로 은행에 취업을 하는 기적을 만들기도 한다.

공부를 잘하고 싶다고 되는 것도 아니고 어느 순간 자신이 터득한 기법으로 인생을 바꾸기도 한다. 참 아이러니 하다. 하지만 나는 책을 어떻게 쓸 줄 몰라 A4용지 300페이지 분량을 써서 출력하여 봉투에 넣어 가지고 다녔다. 내가 살아온 인생을 글로 적었다는 뿌듯함 때문이었다. 그러던 중 교통사고로 집에서 쉬고 있을 때 한책협 김태광 대표님을 만나 책을 어떻게 쓰는지 배우게 되었고 그 배움을 통해 잘 쓰지는 못하지만 미다스북스 임종익 총괄본부장님과 이다경 편집장님, 김요섭 편집자님을 통해 『나의 행복을 절대 남에게 맡기지마라』, 『금은보화 금고 열쇠』, 『나는 책 쓰기로 월 천만 원 번다』, 『캐디로 5억 벌어 당신의 꿈을 이뤄라』를 출간하여 세상에 나를 알리게 되었다.

내가 이렇게 할 수 있었던 이유는 책 쓰기를 배워야겠다고 생각했고 책 쓰기를 배워 책을 출간했기 때문에 작가로 인생을 바꿀 수 있었다. 책을 써야겠다고 생각하지 않고 그대로 방치했다면 나는 작가가 되지 못하고 나이가 들어 청소부나 식당을 전전하는 사람으로 살았을 것이다.

지금은 유튜브를 배워 두 계정을 합하여 700명의 구독자와 블로그 이웃 2,000명을 보유하고 있다. 그들이 나를 만나 책을 쓰지 않더라도 나의 일상을 보고 자신을 되돌아보고 좀 더 성장하고자 노력하고 자신과 대화하는 사람으로 변모해 가기를 바라는 마음으로 부족한 글이지만 매번 원고를 적어 출판사에 투고하는 것이다.

생각이 가난한 자는 결코 부자가 될 수 없고 생각하지 않으면 사는 대로 살게 된다는 끔찍한 현실을 마주하게 된다. 자신의 인생을 바꾸고 싶다면 생각의 비밀의 힘을 믿고 자신을 바꾸고자 생각의 틀을 깨고 부모님과 남을 원망하기보다 나를 깨우기 위해 환경을 바꾸고 인간관계를 바꾸고 직업을 바꾸는 자기 혁명을 하길 간절히 바란다.

부족한 나의 책을 출간해 주신 미다스북스와 내 책을 읽어 주시는 독자님들과 함께 이 세상을 향해 끝없이 도전하고 변화하는 카멜레온 같은 사람이 되도록 힘을 다할 것이다.

이 책을 나를 위해 손과 발로 59년을 뛰어준 고생한 나 문수빈에게 바친다.

2024년 8월 새로운 세상에 도전장을 내민
작가 문수빈 드림